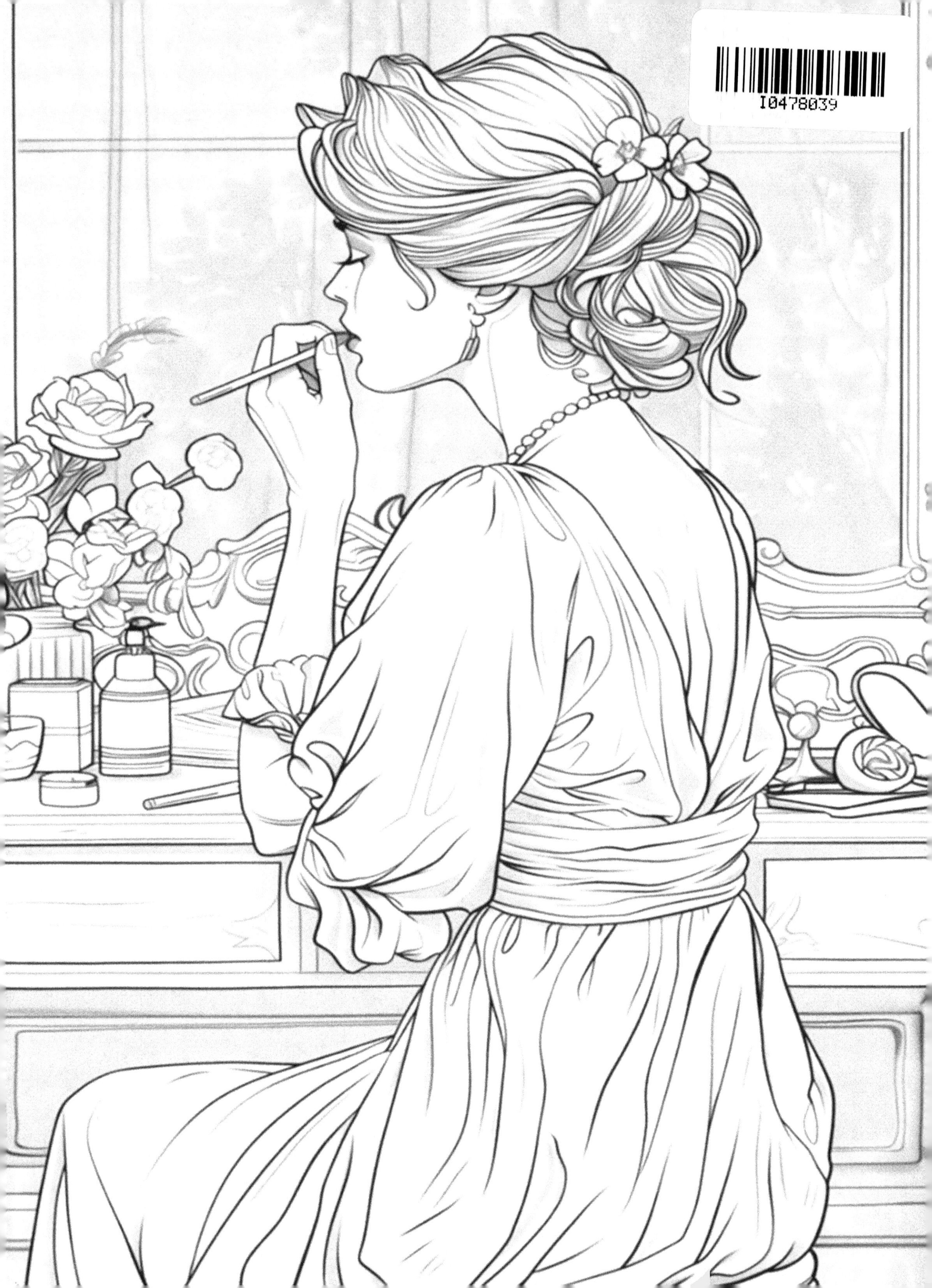

I0478039

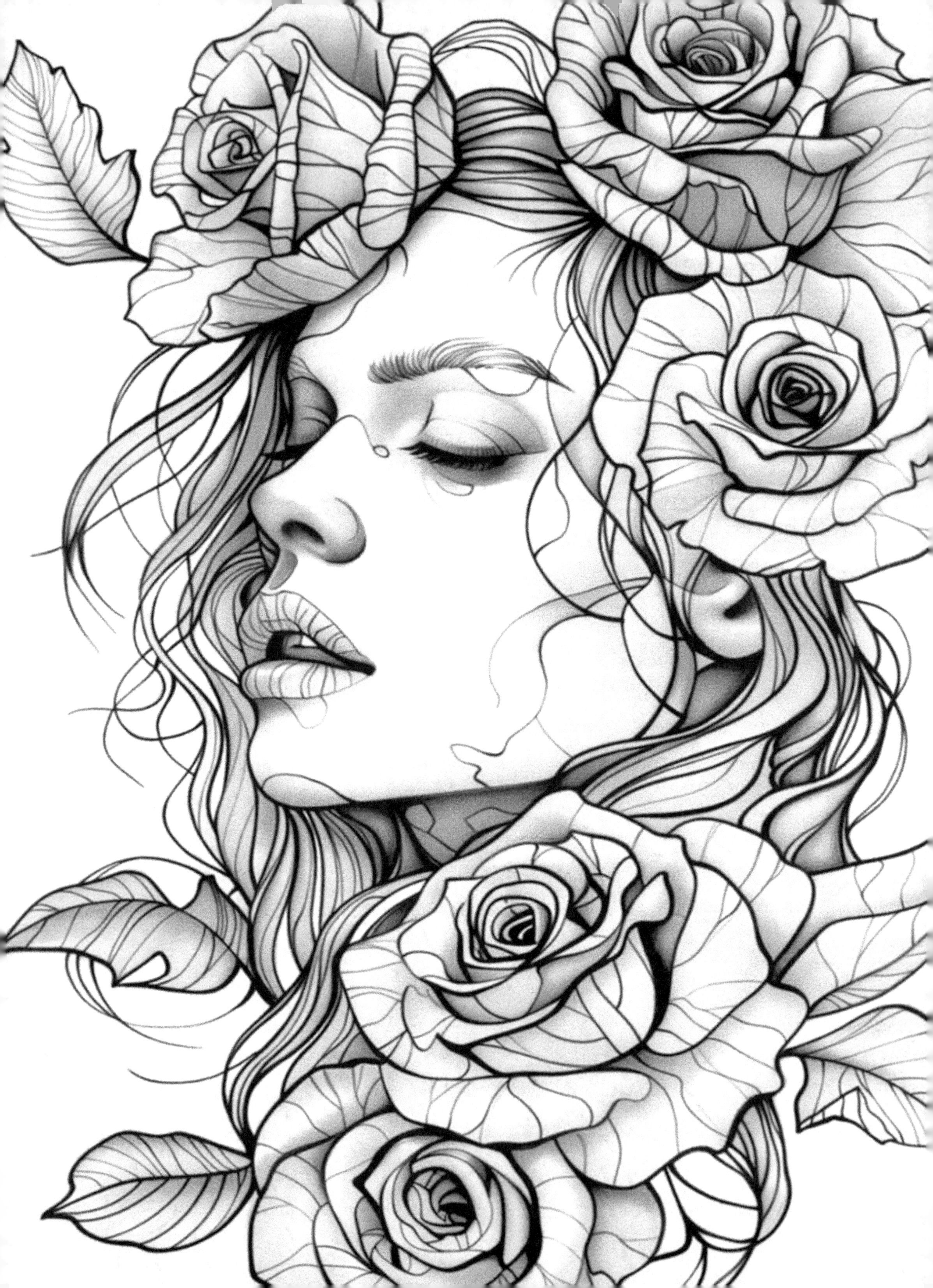

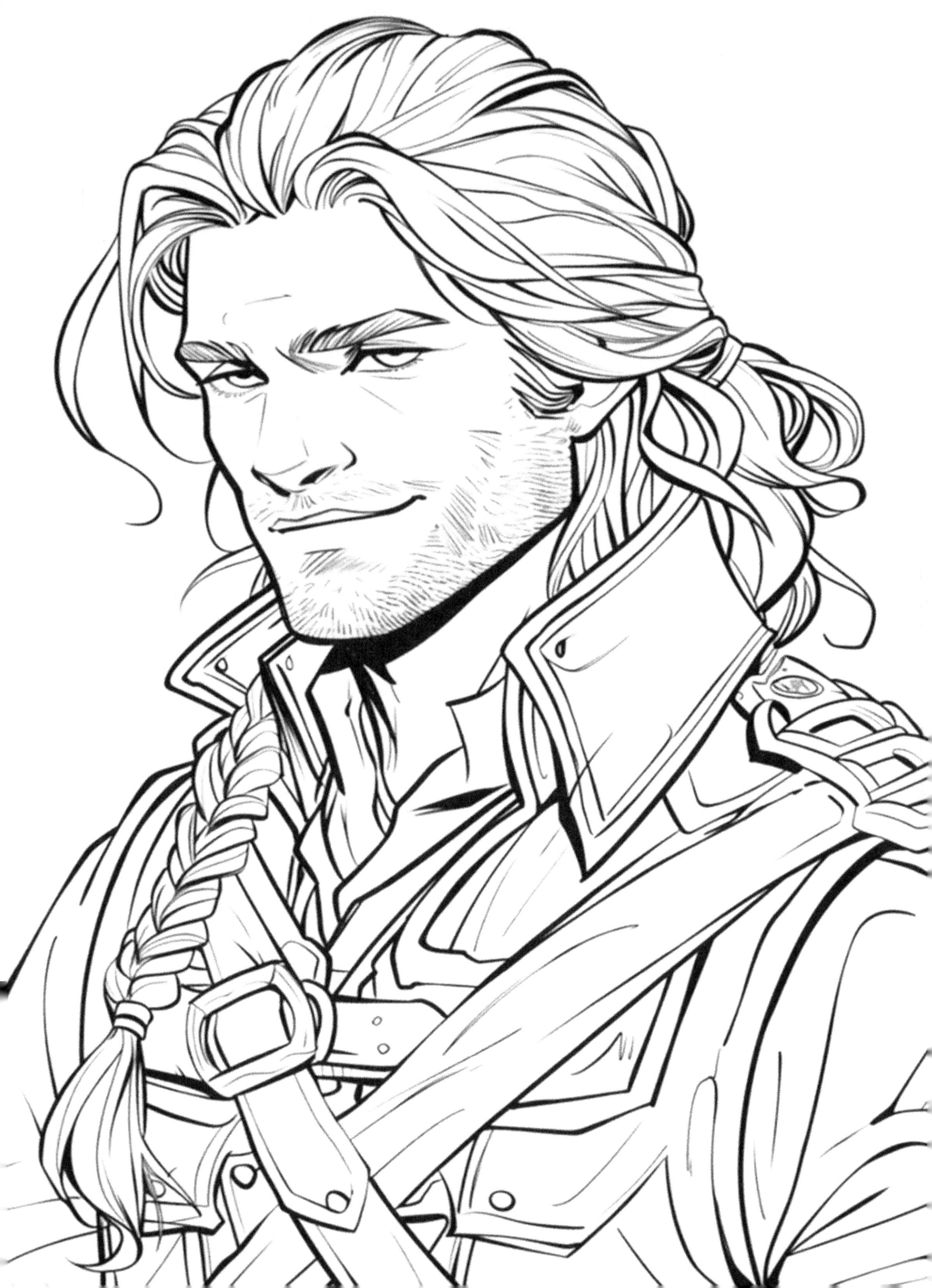

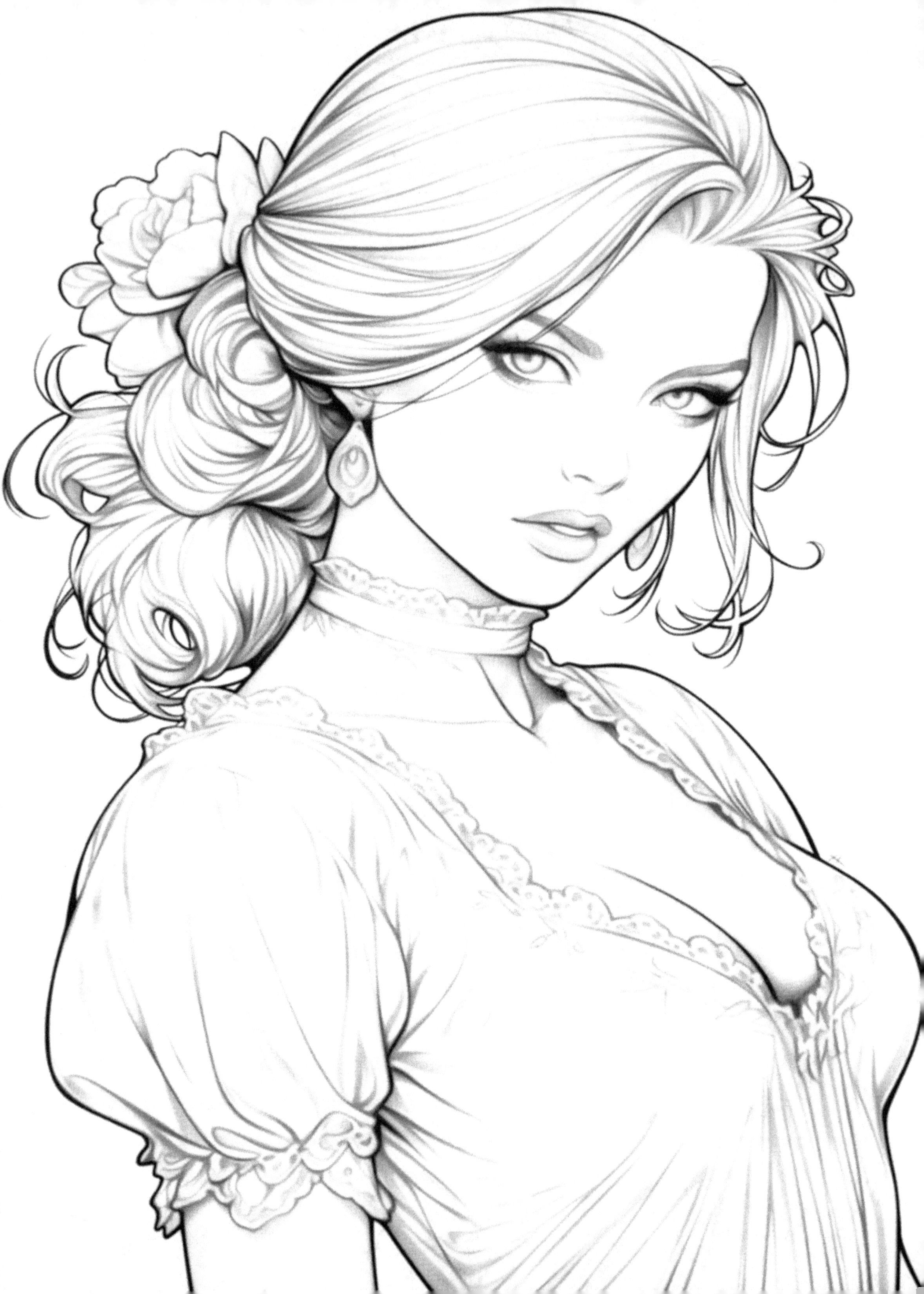

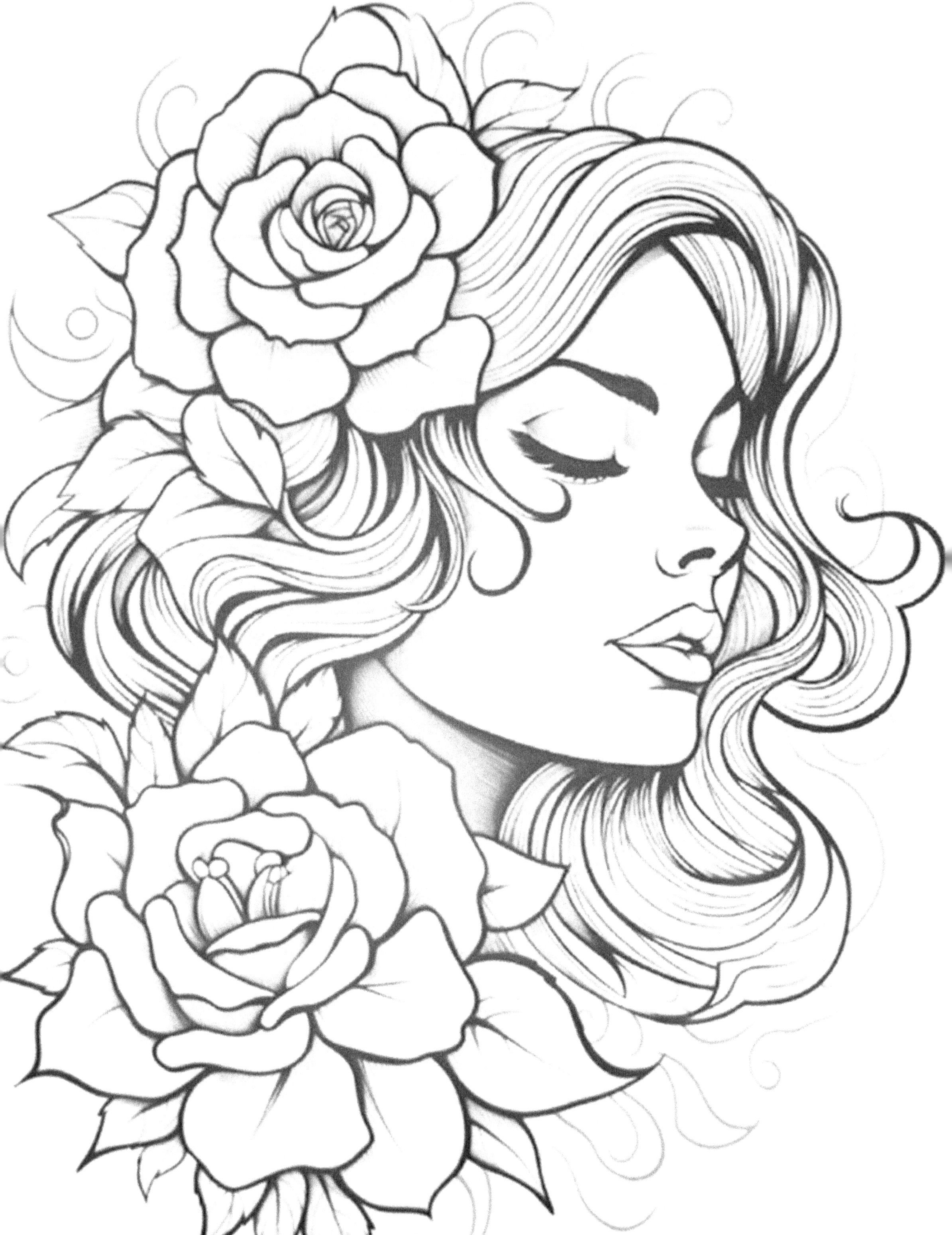

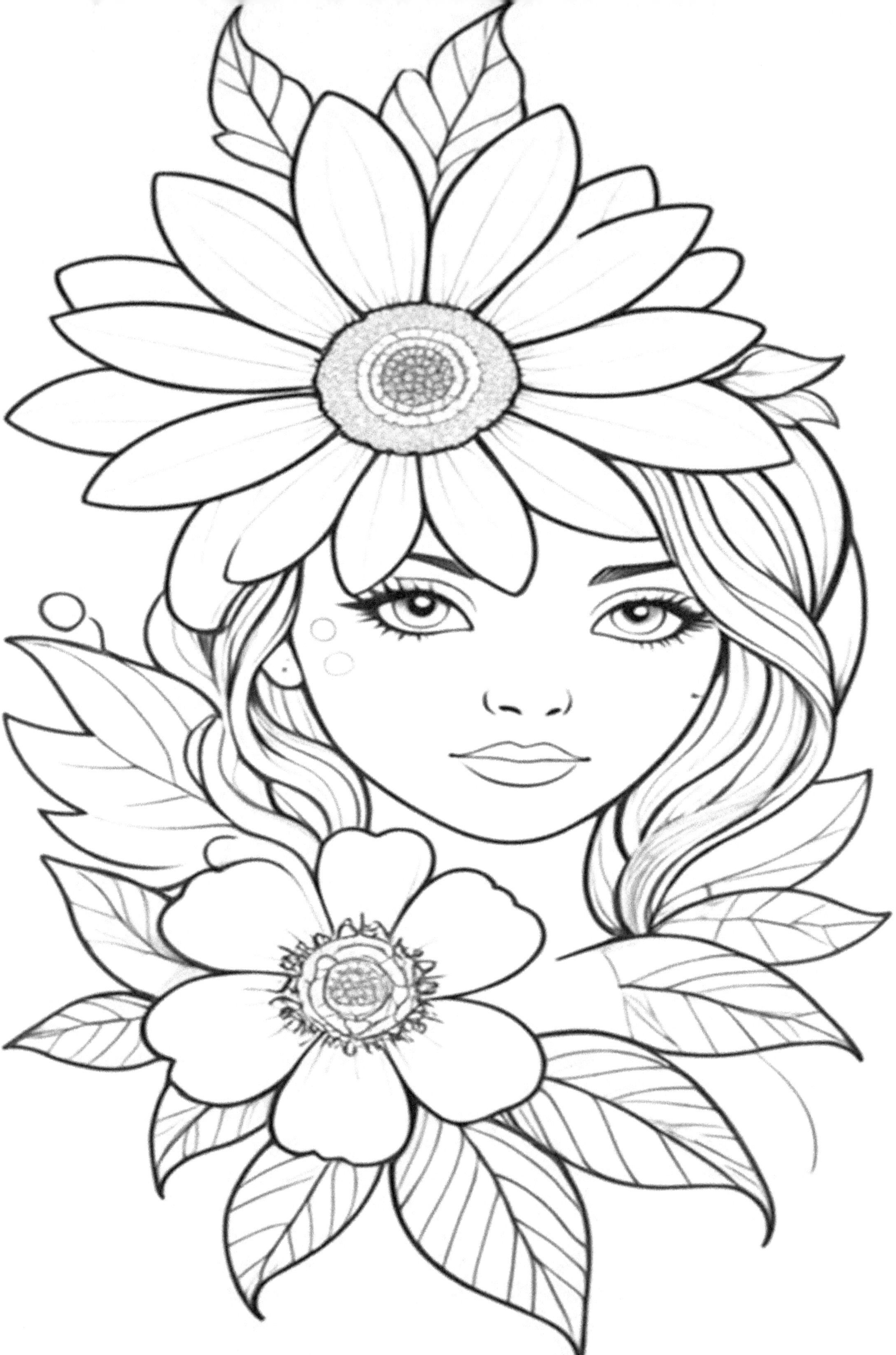

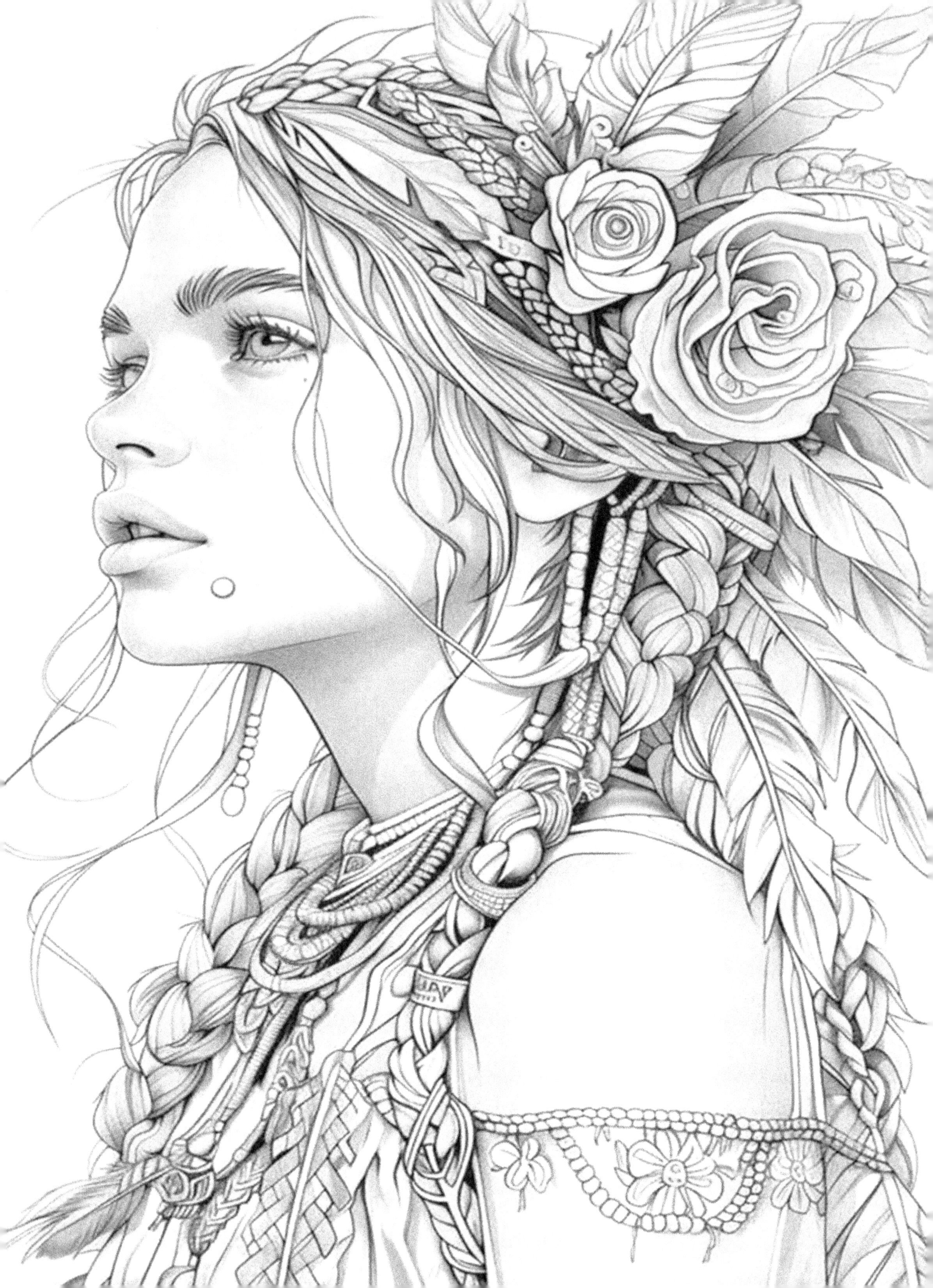

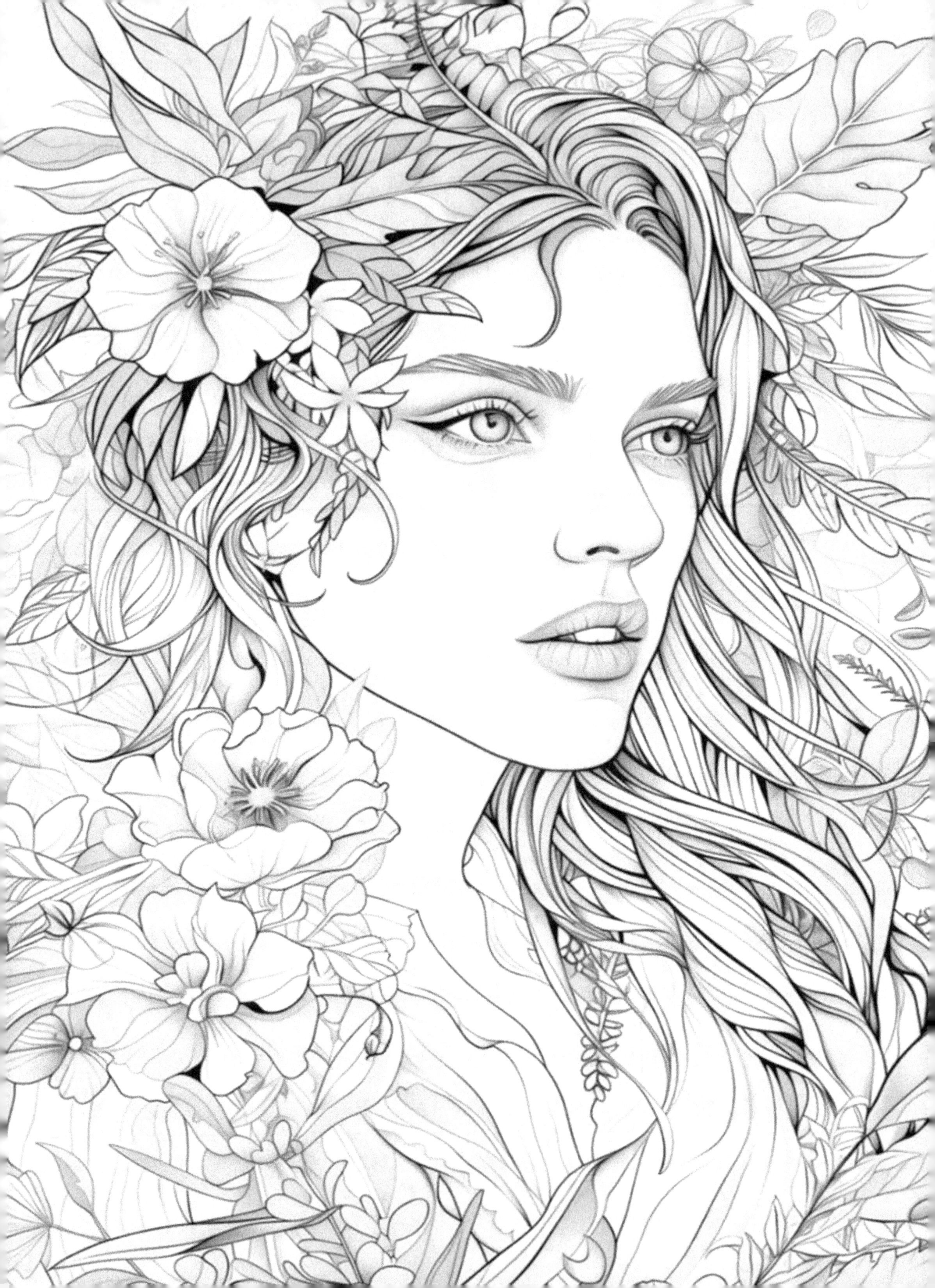

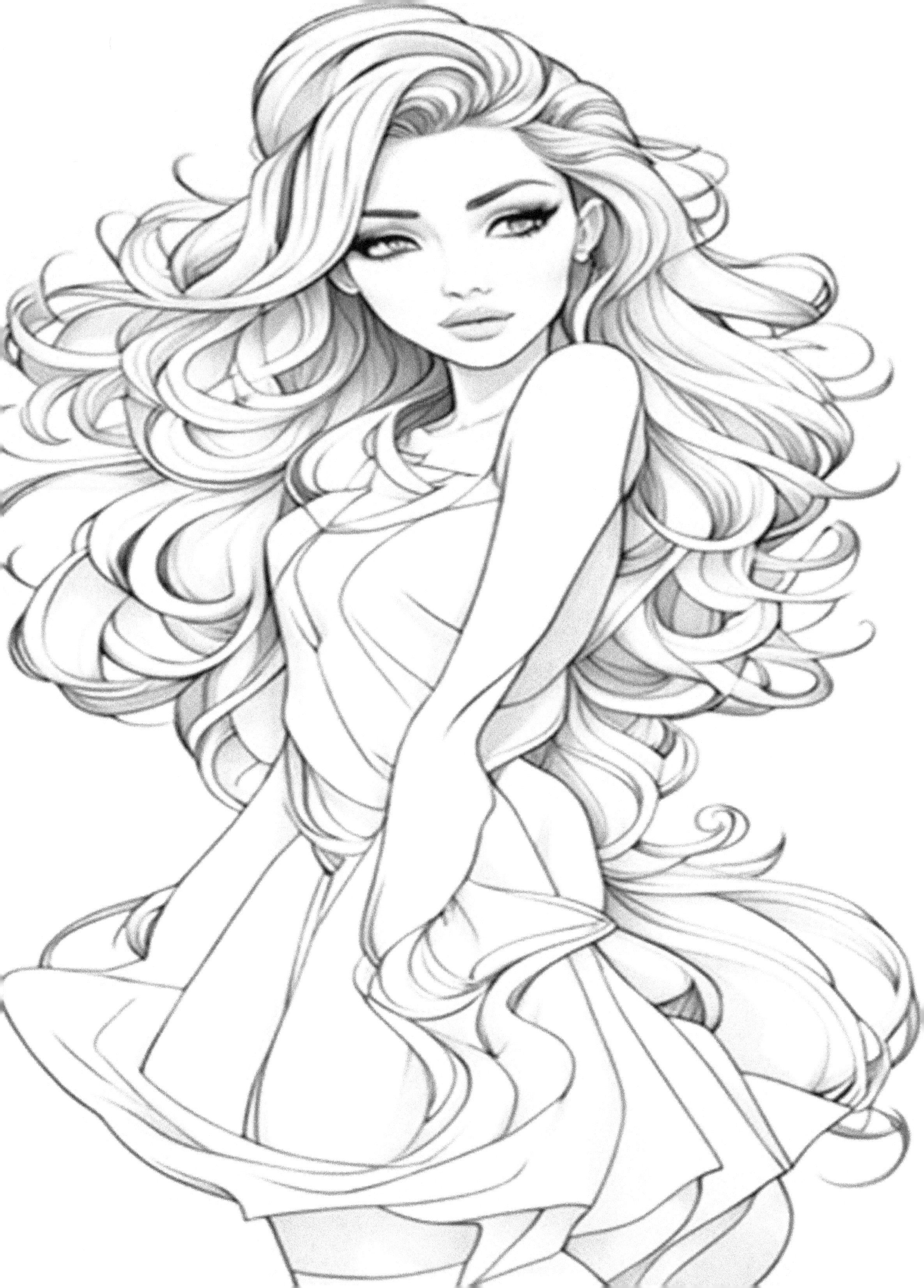

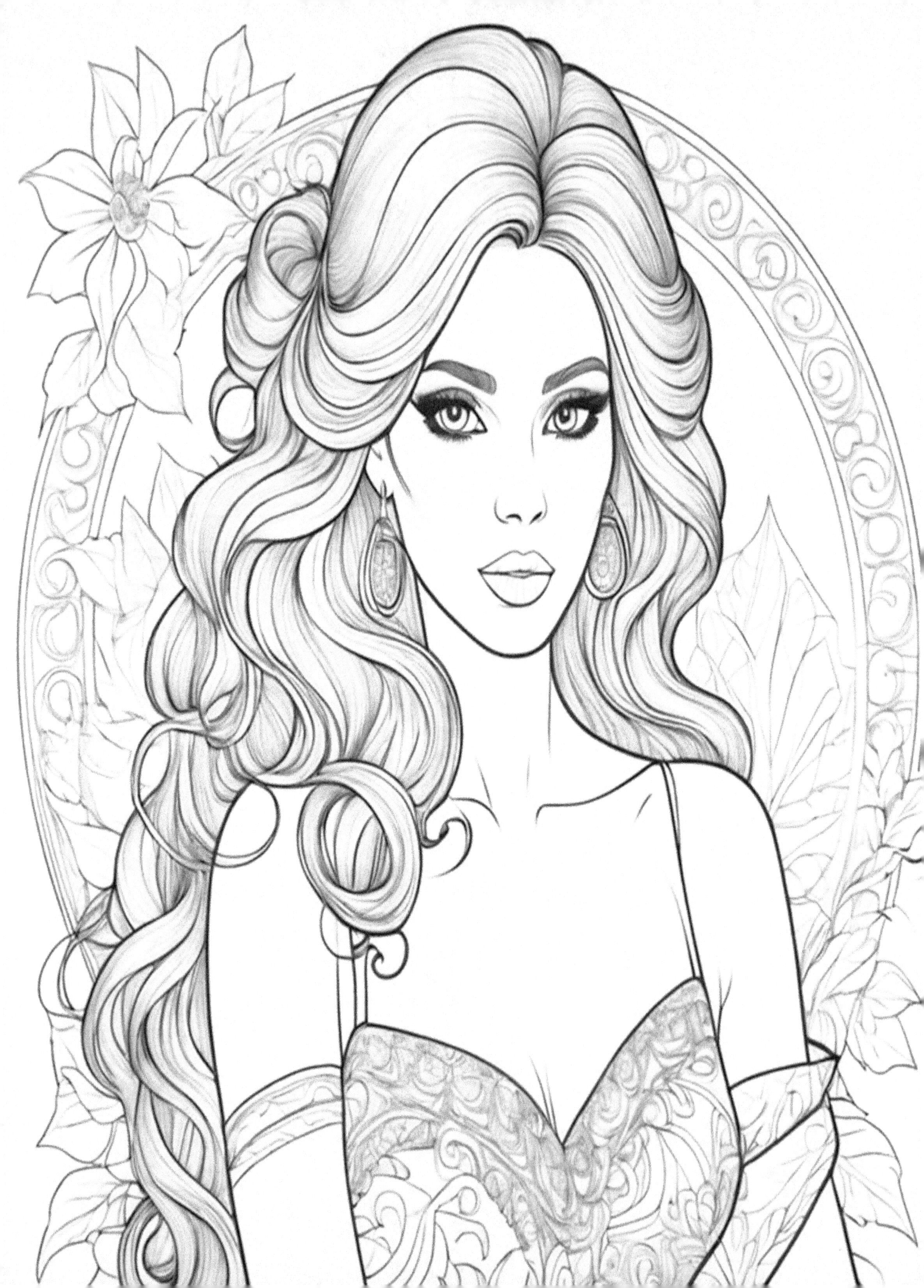

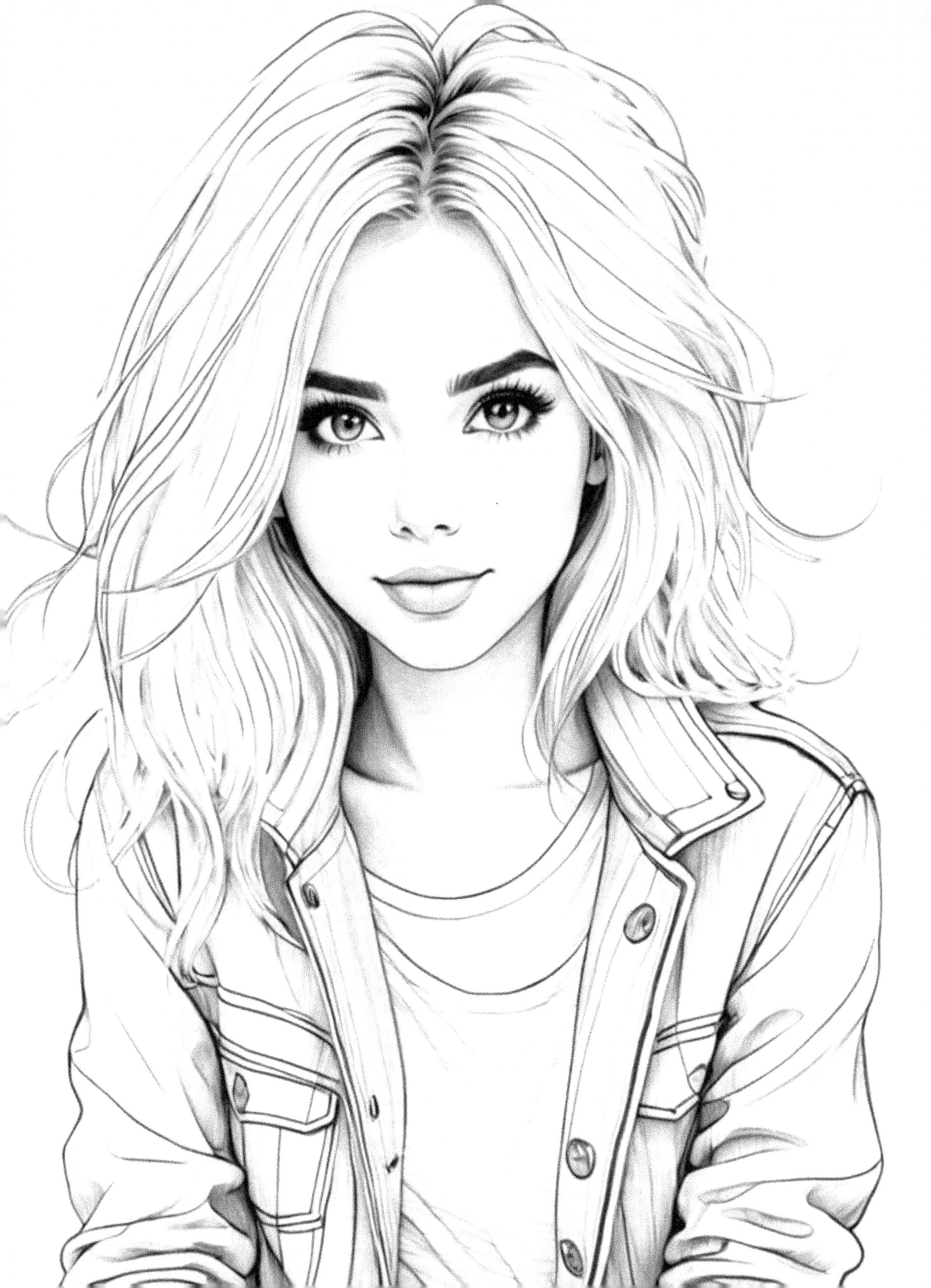

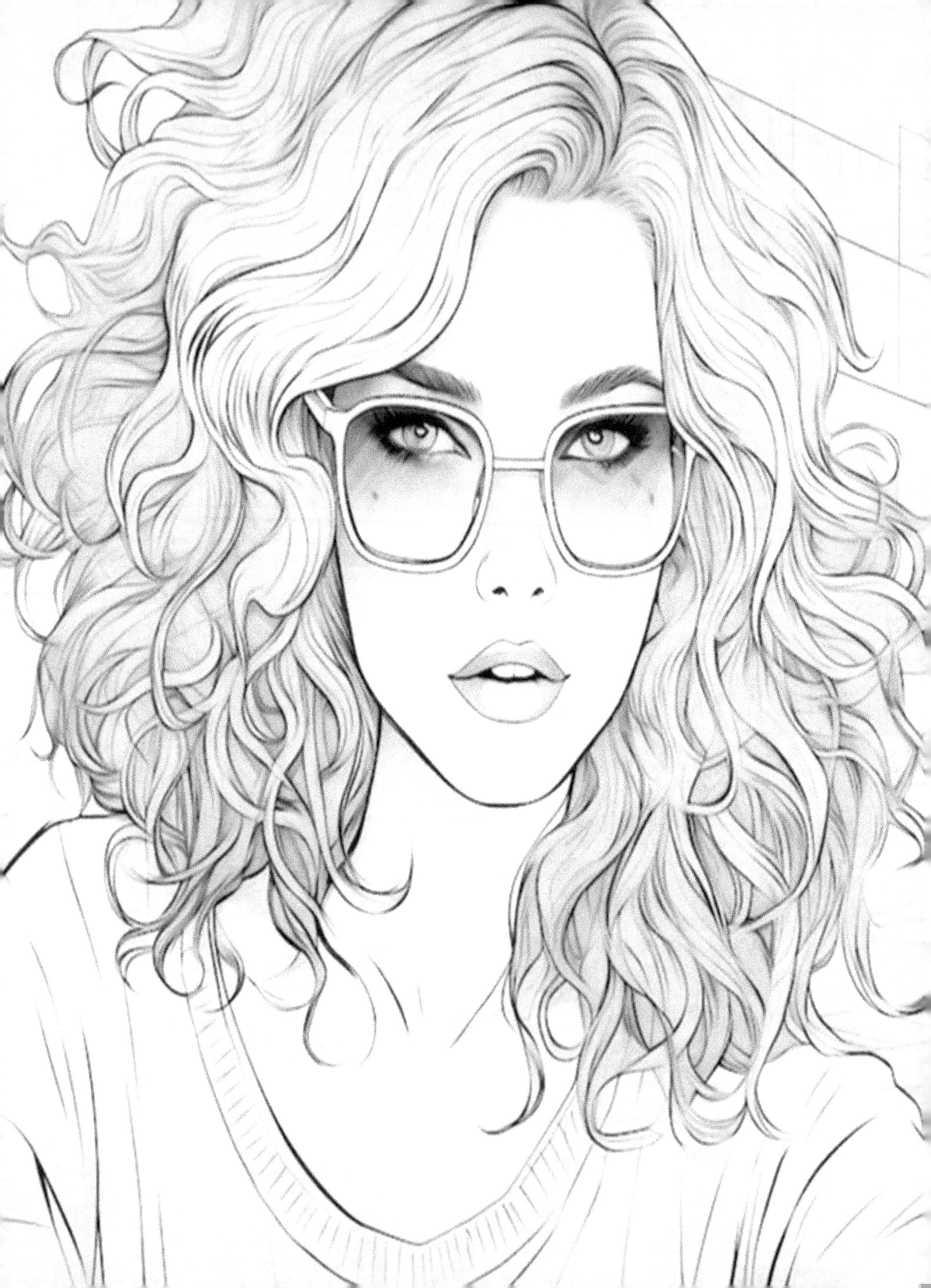

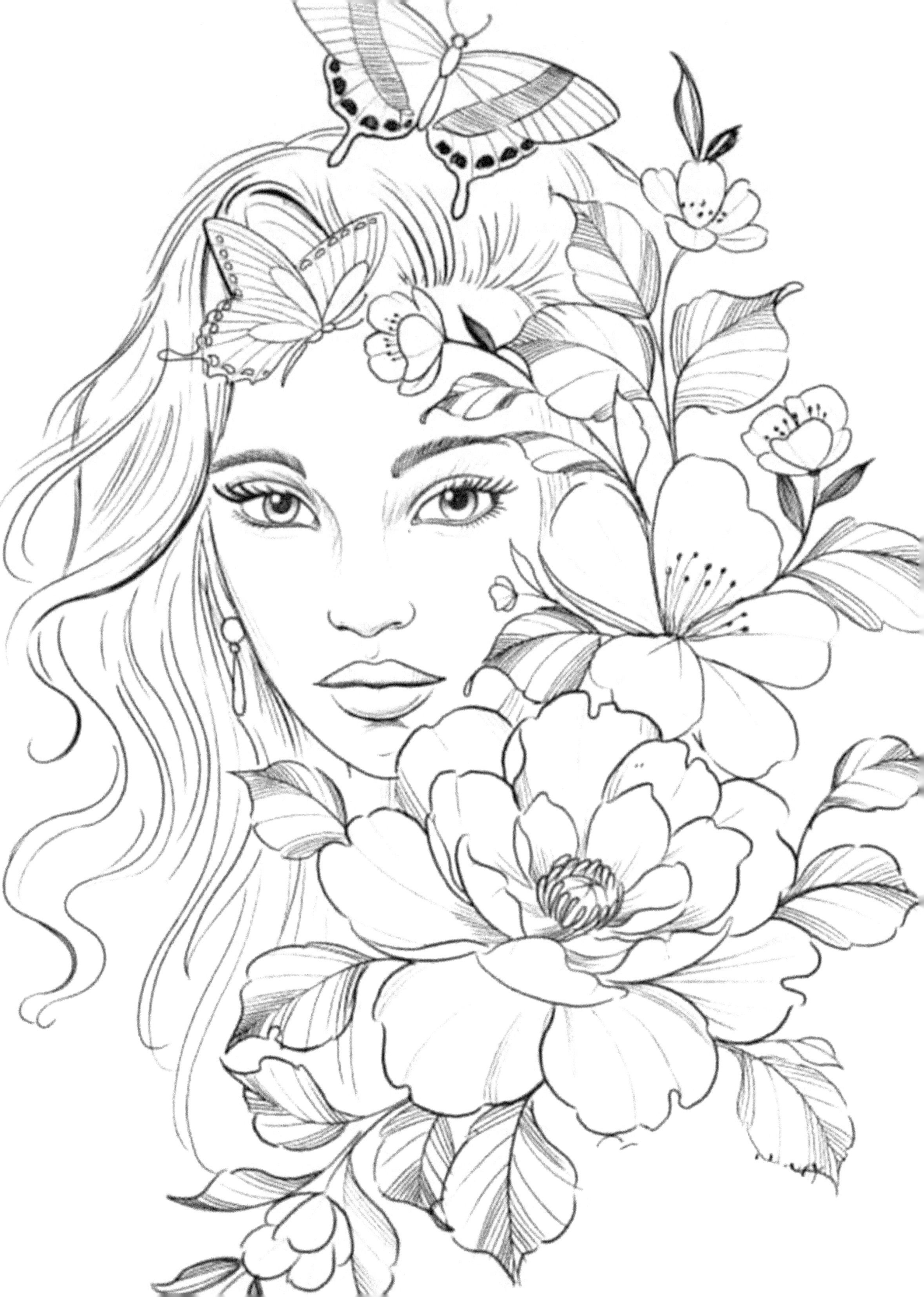

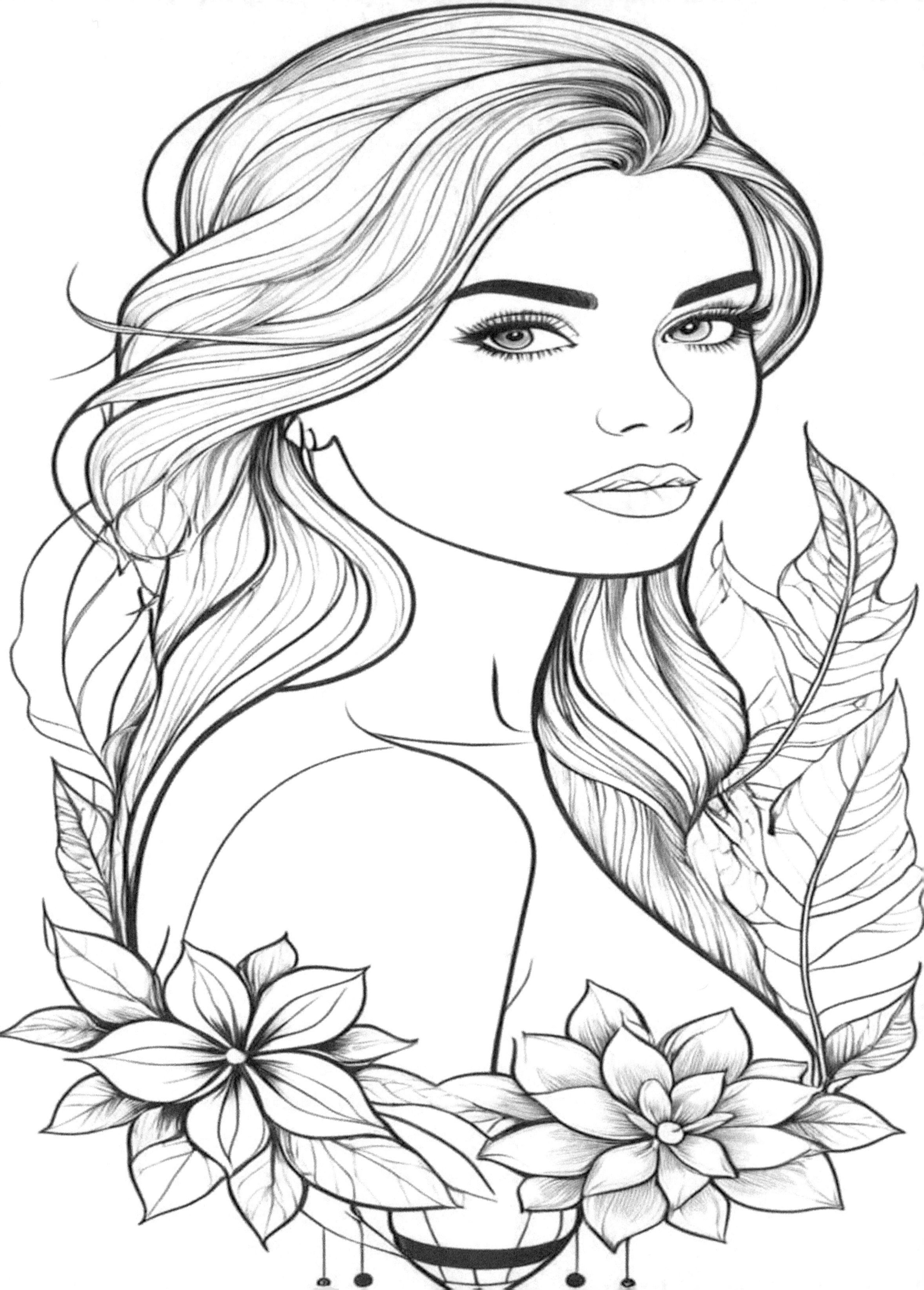

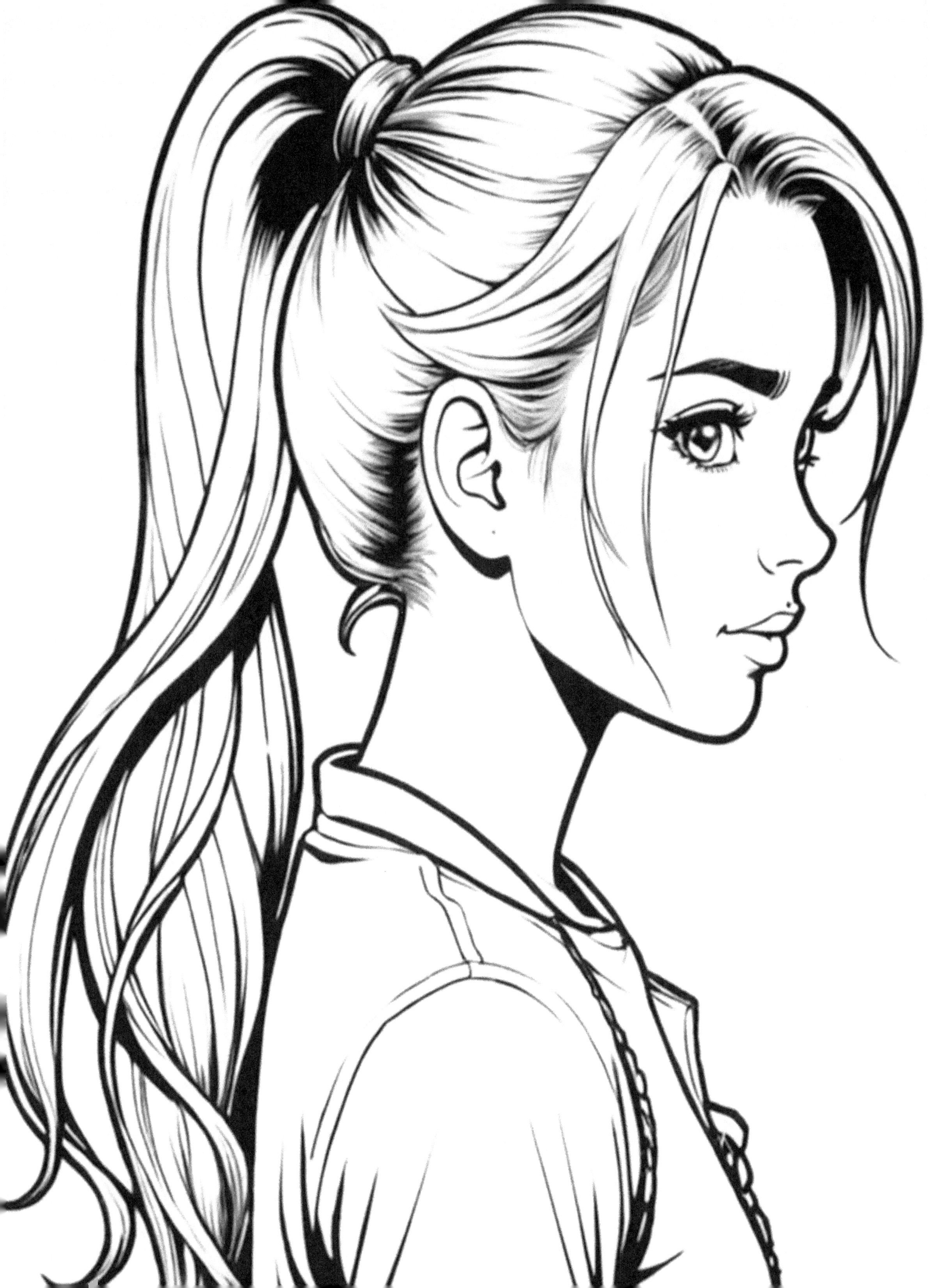

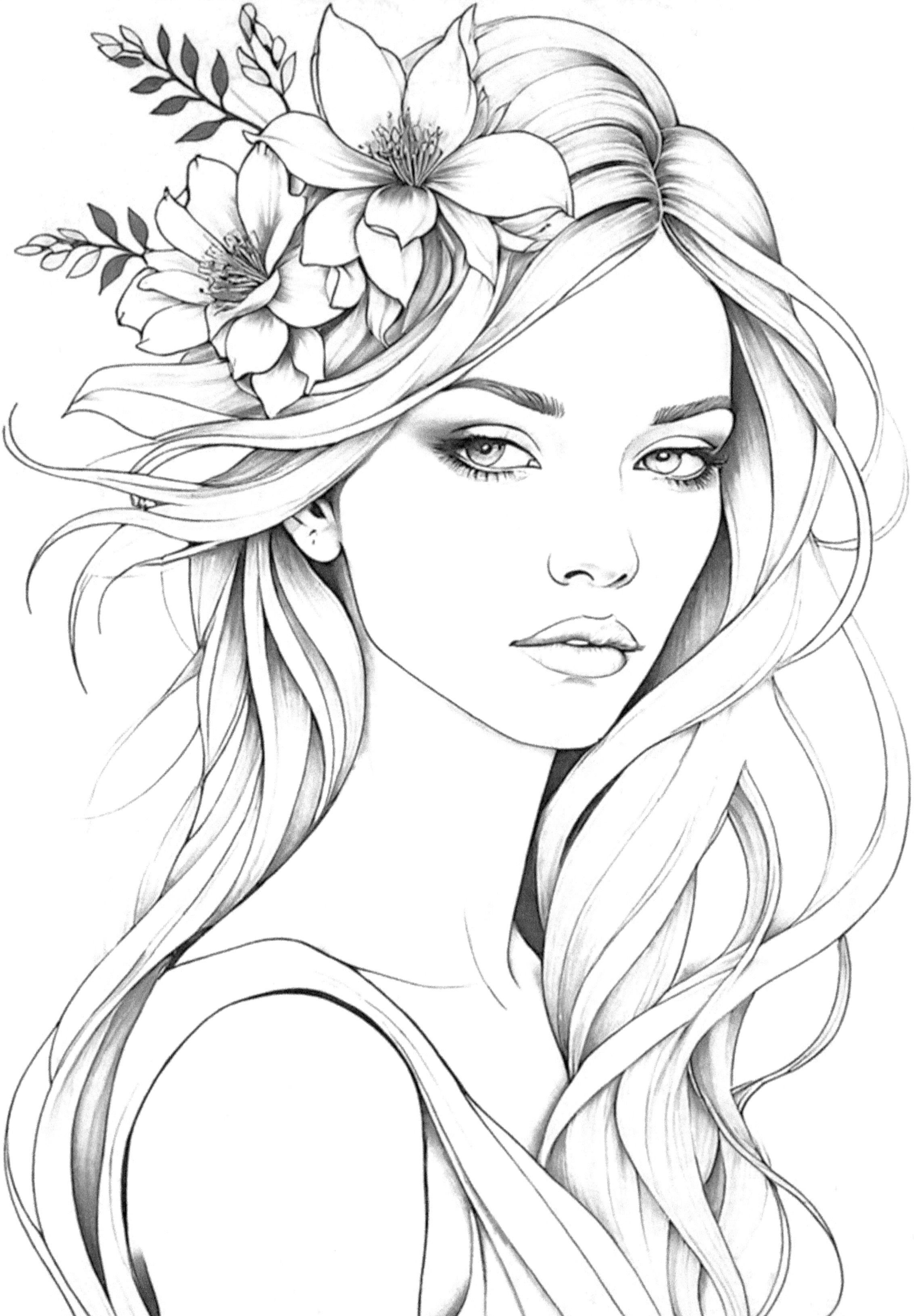

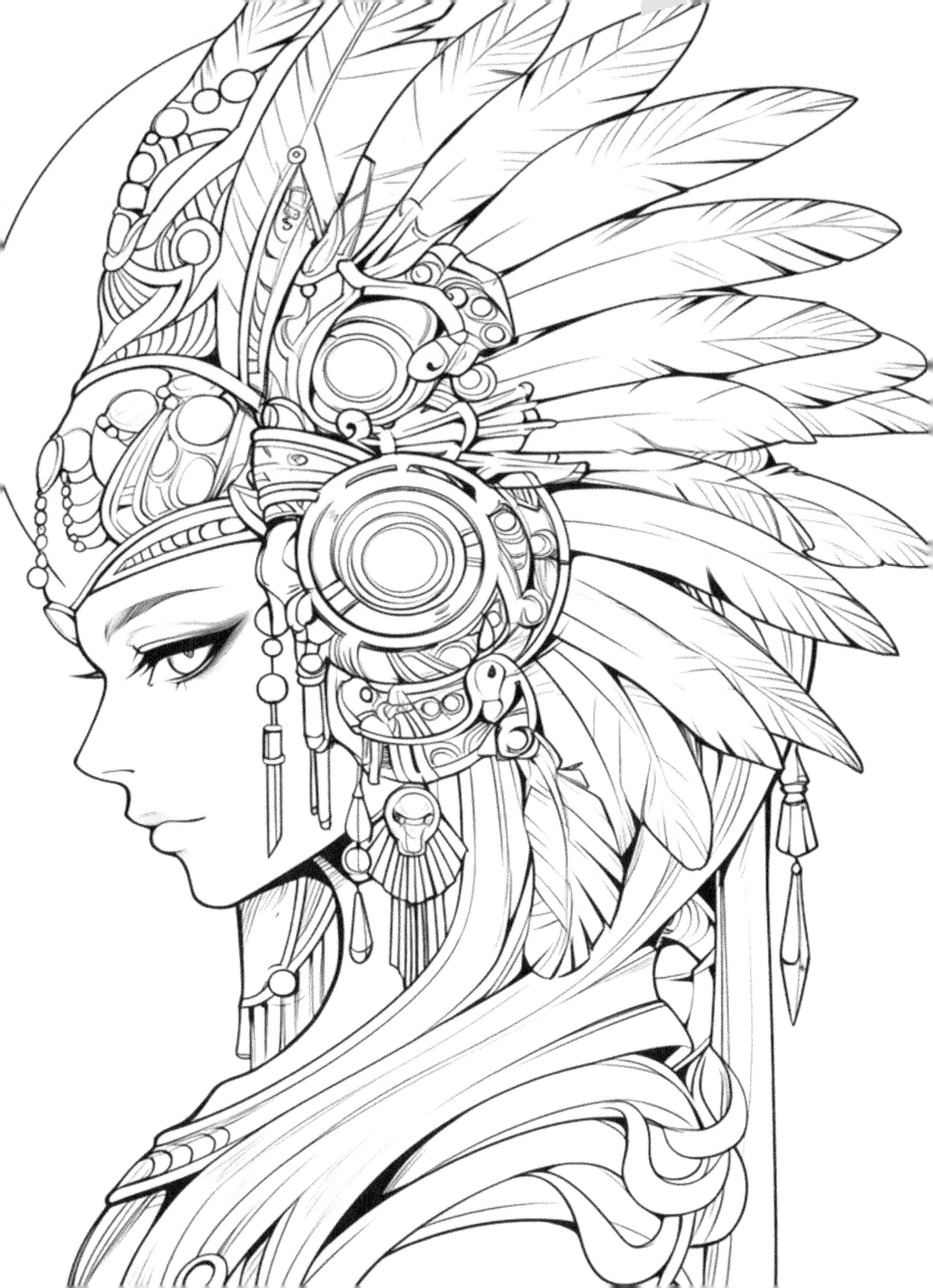

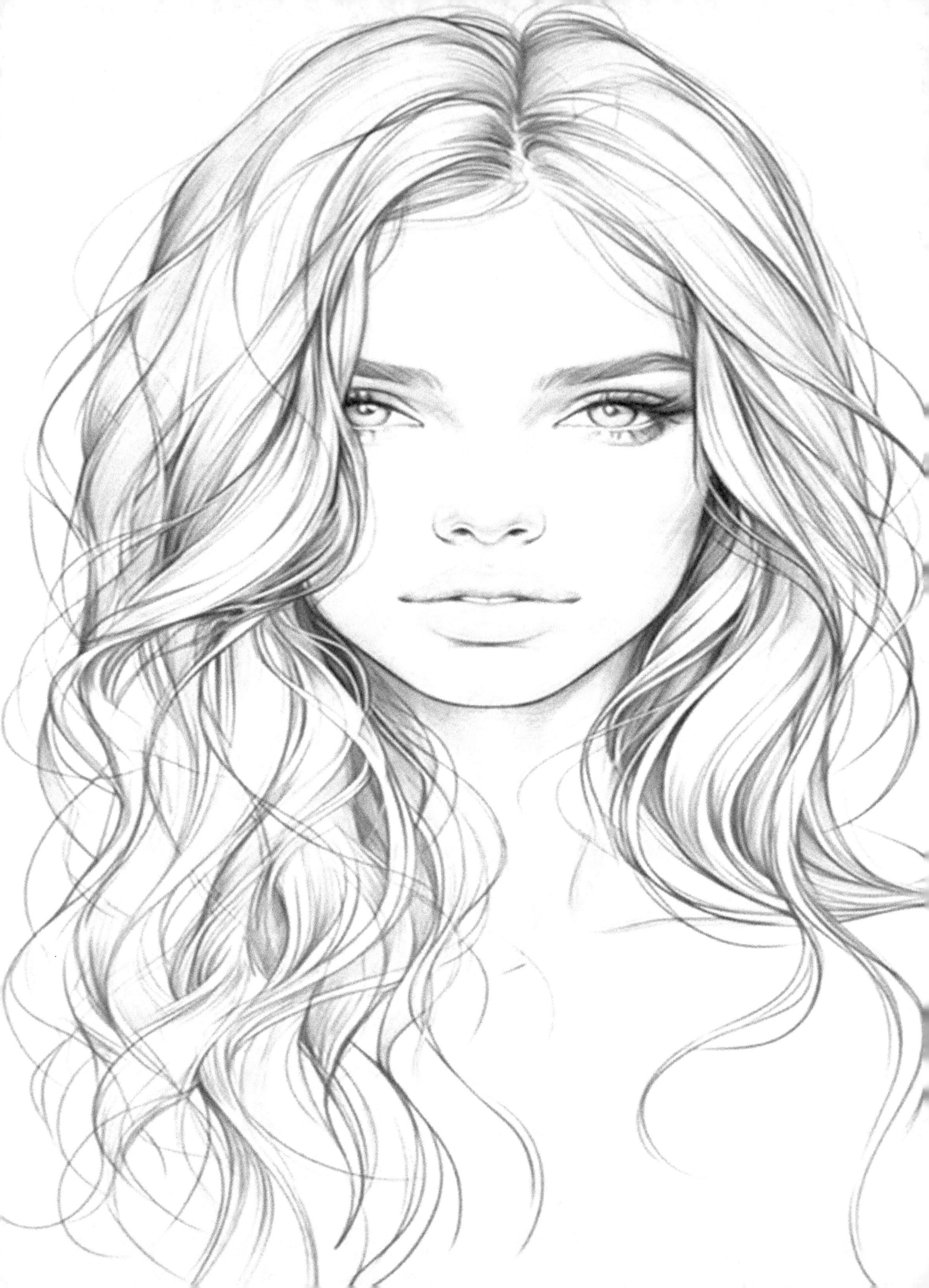

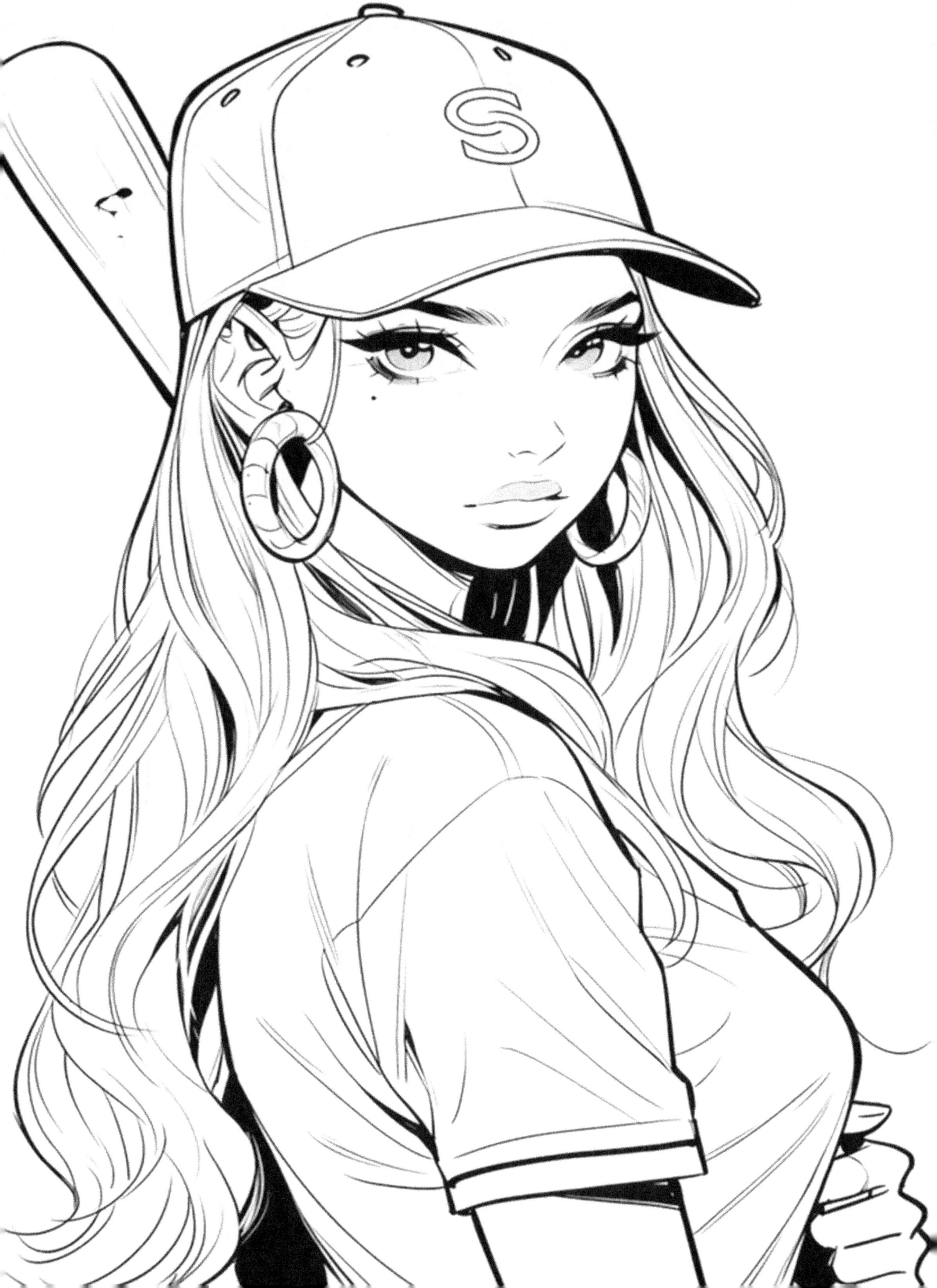
S

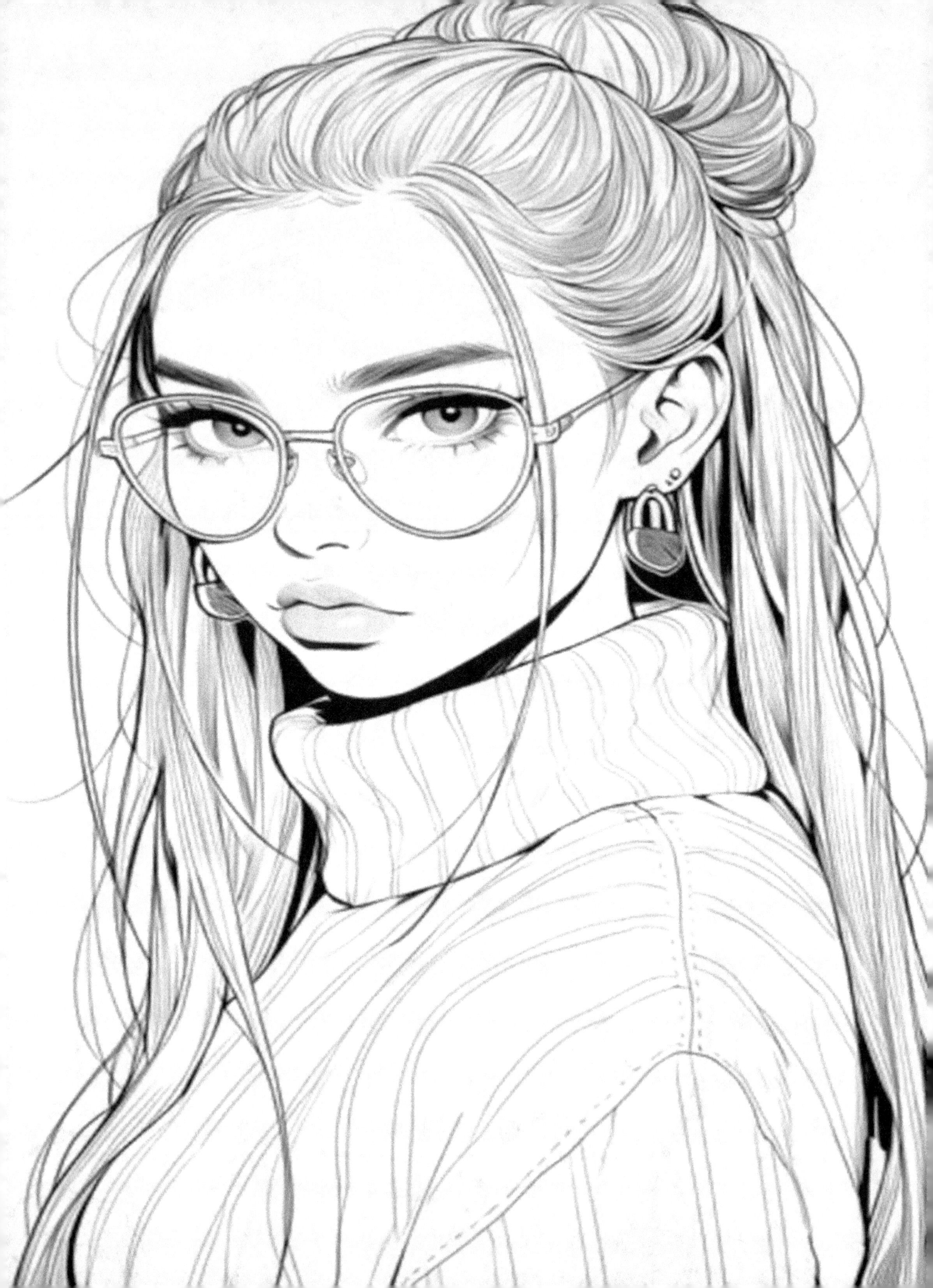

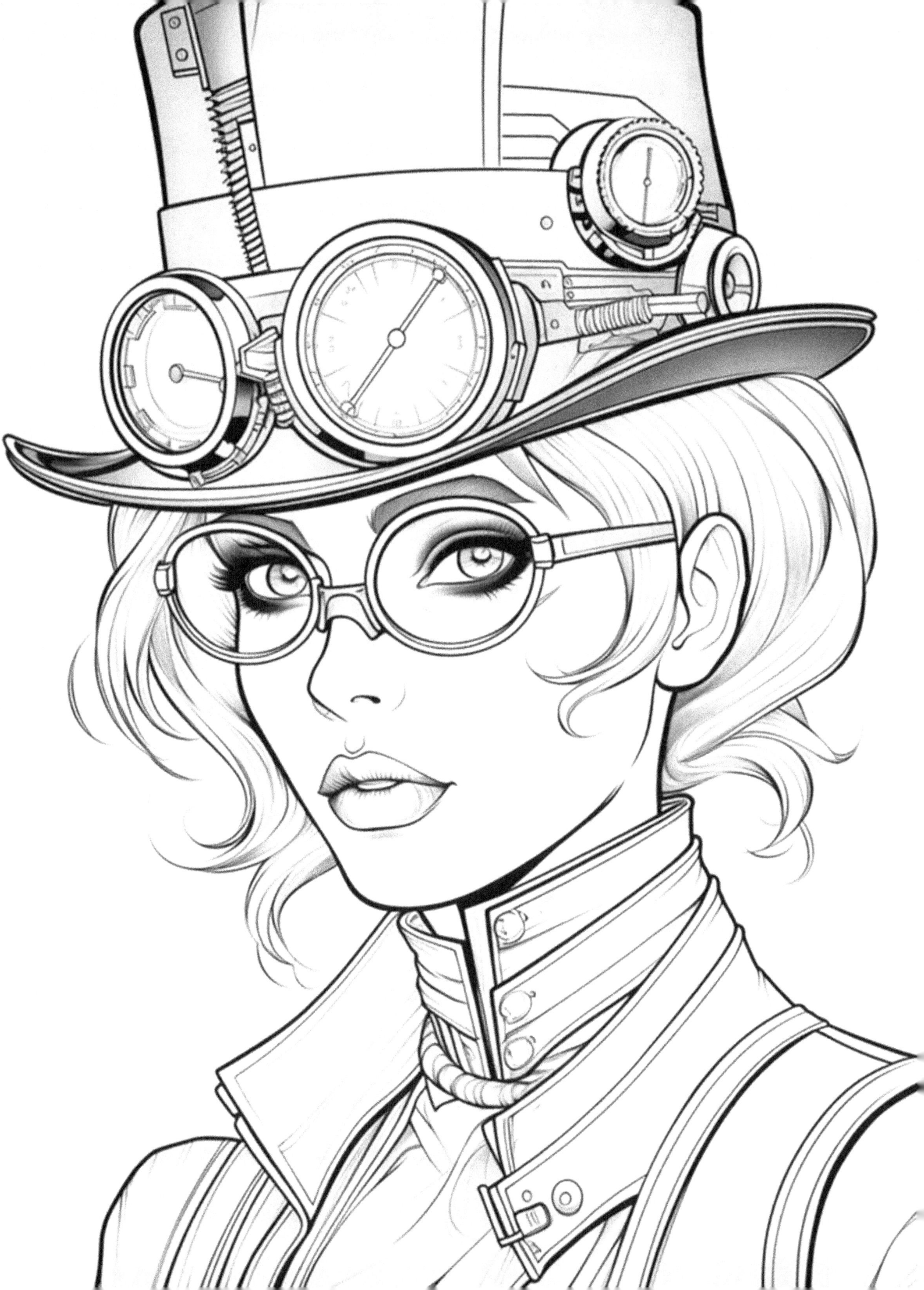

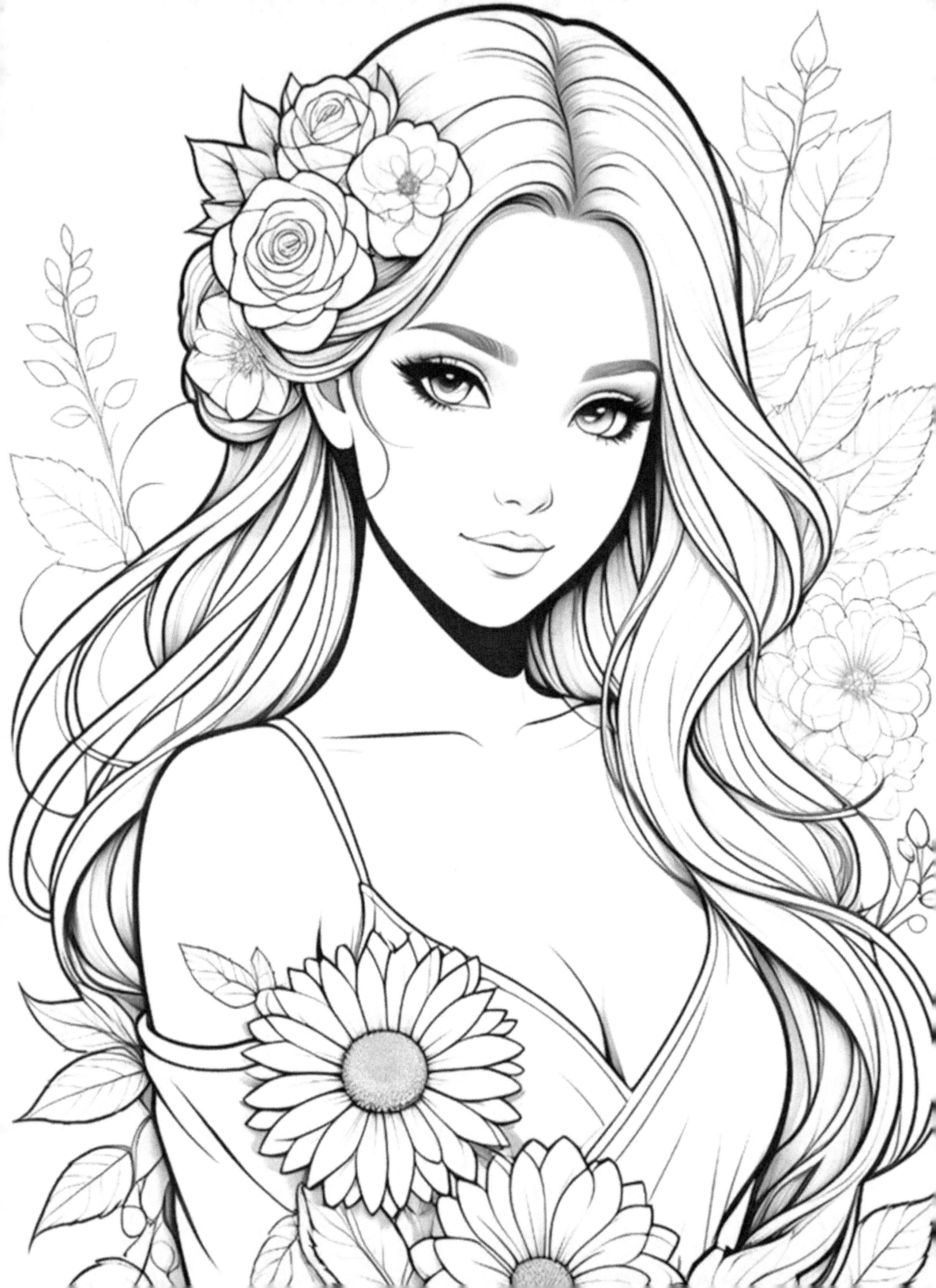

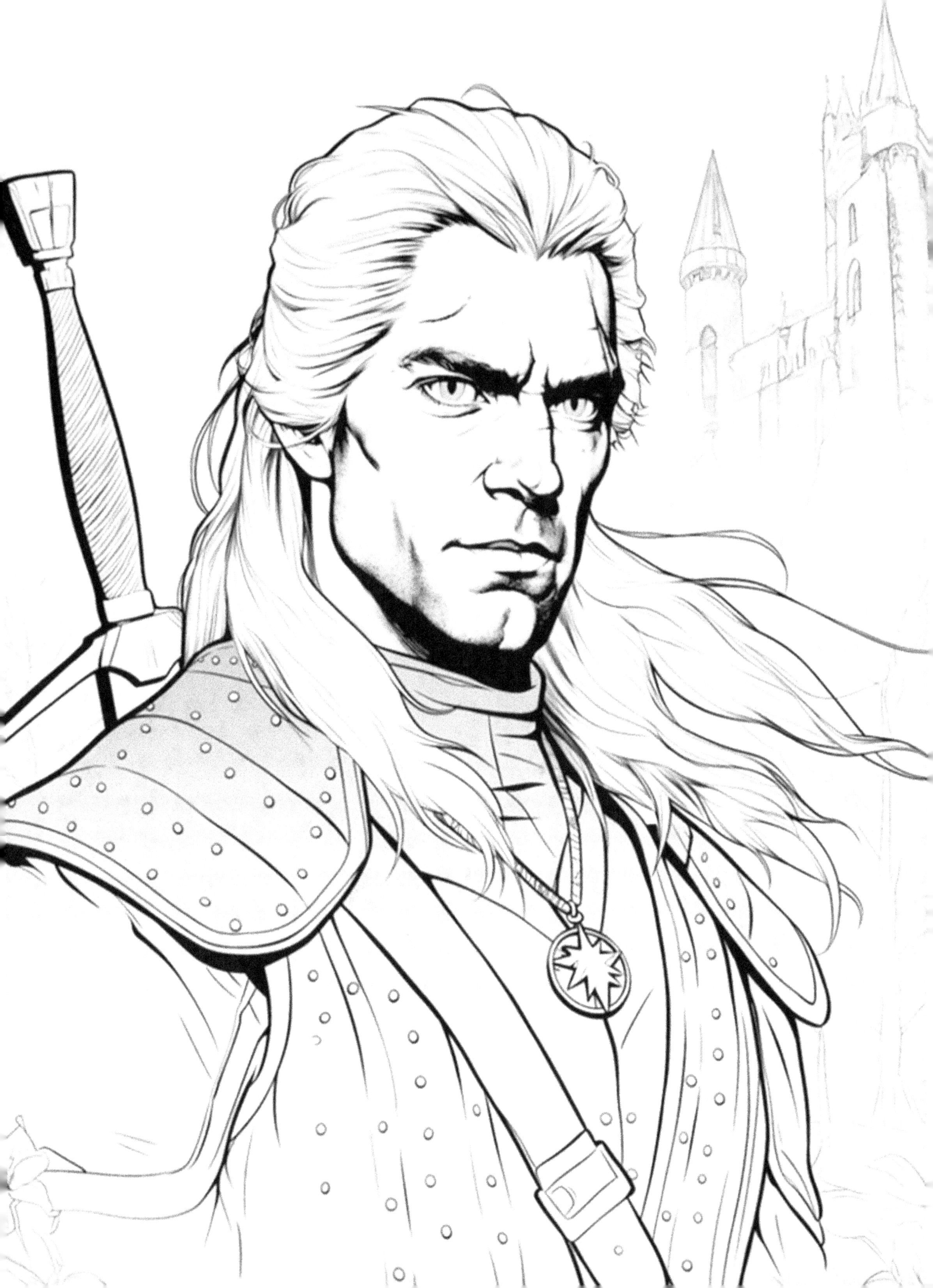

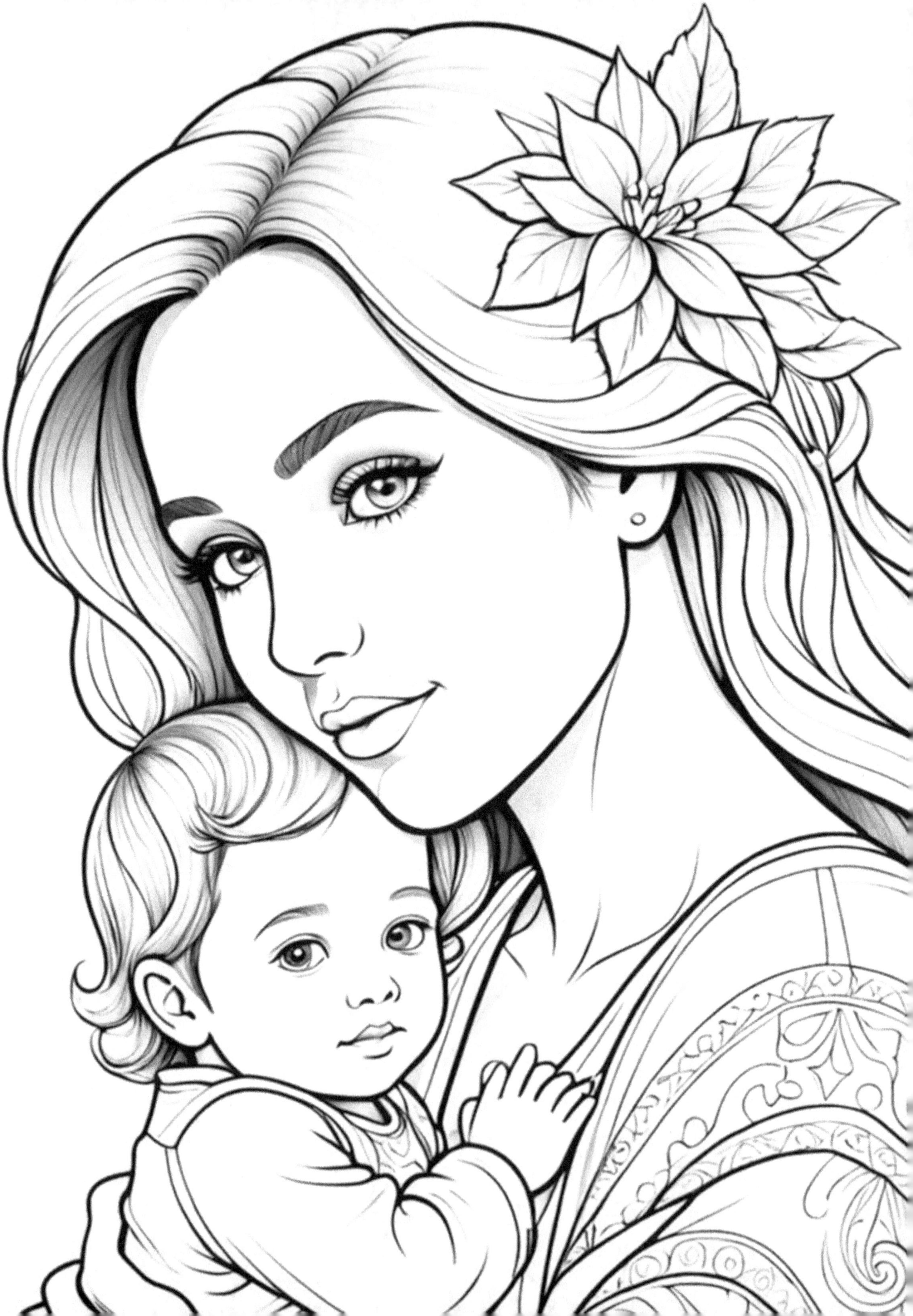

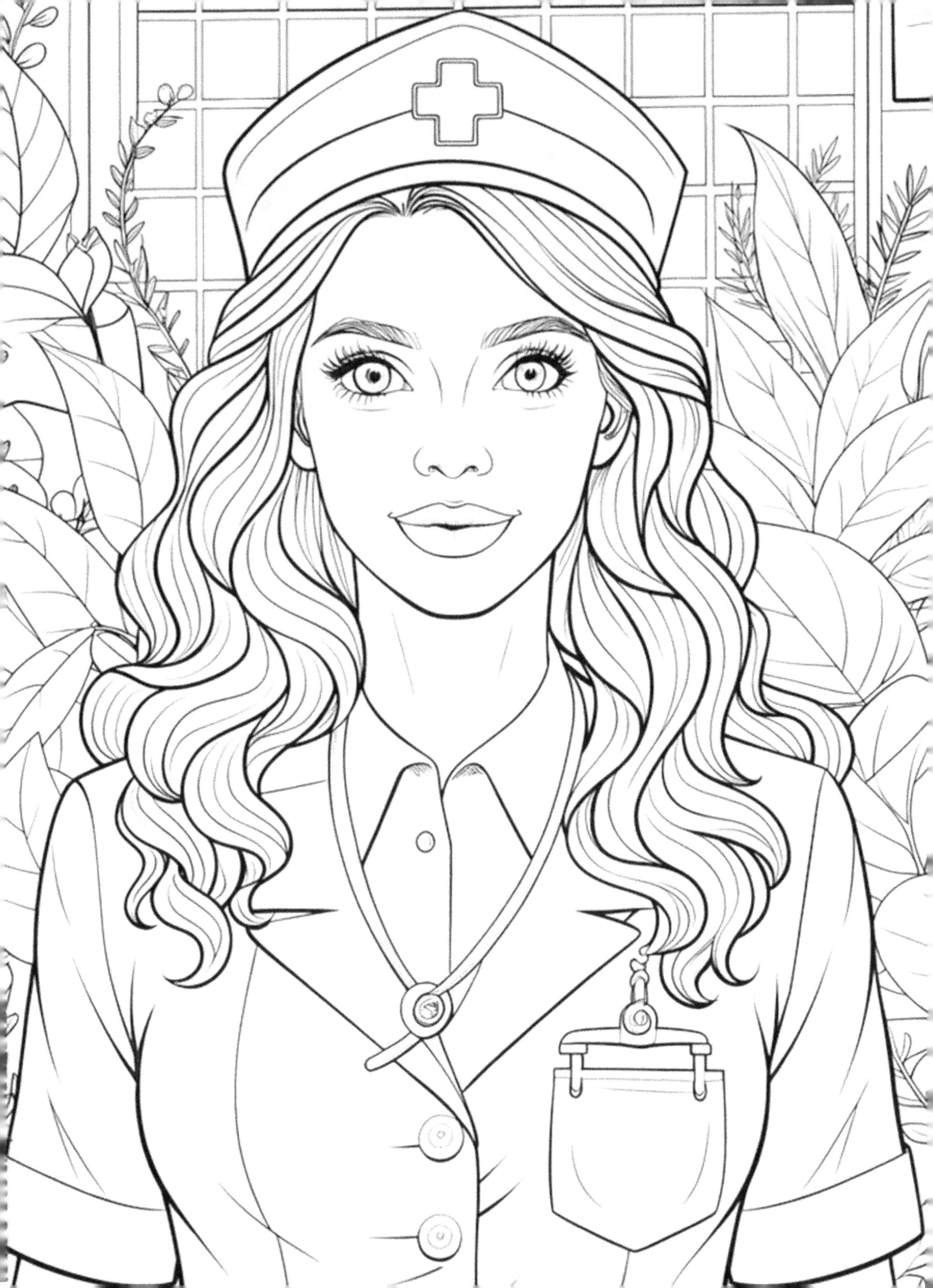

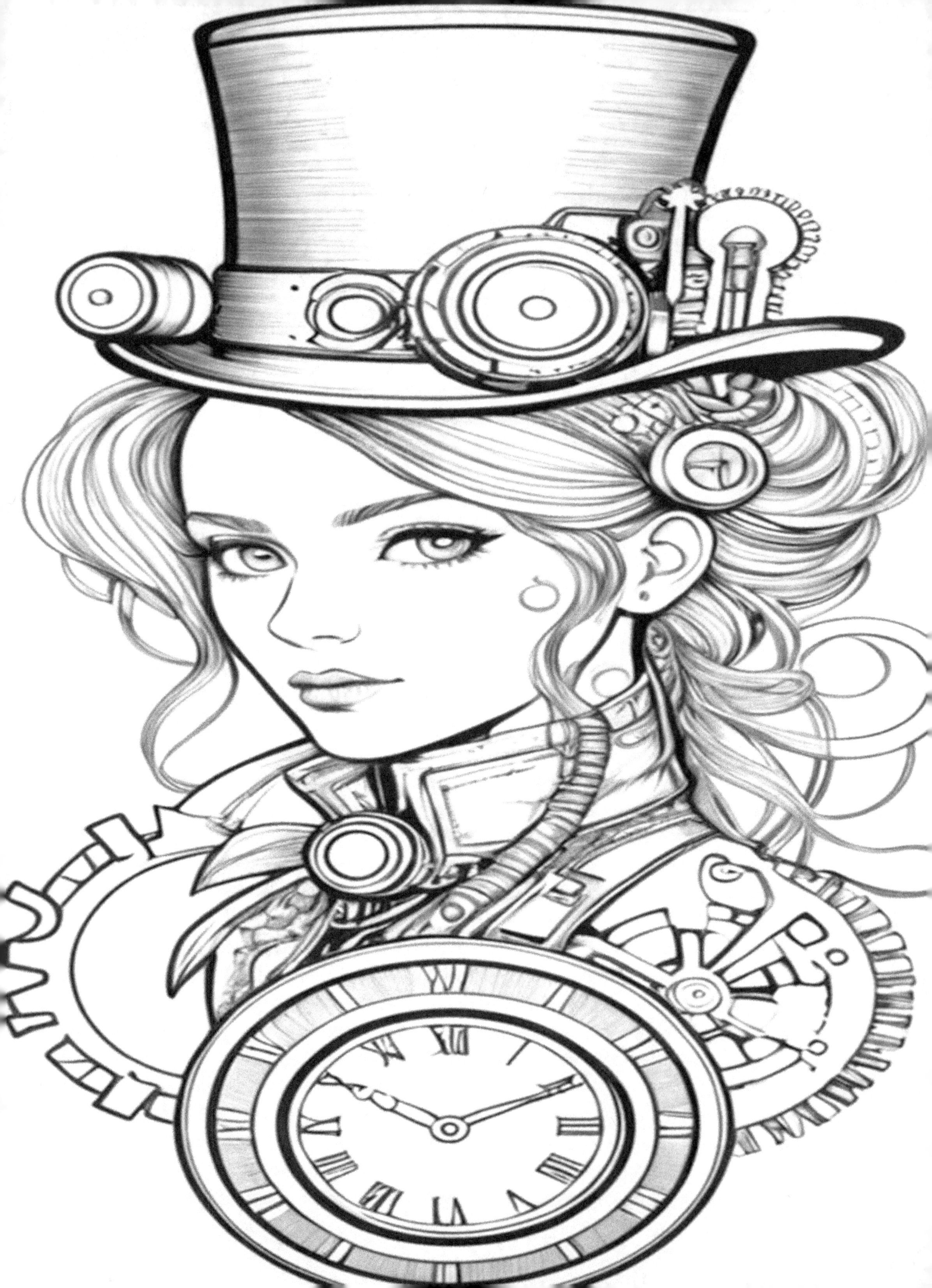

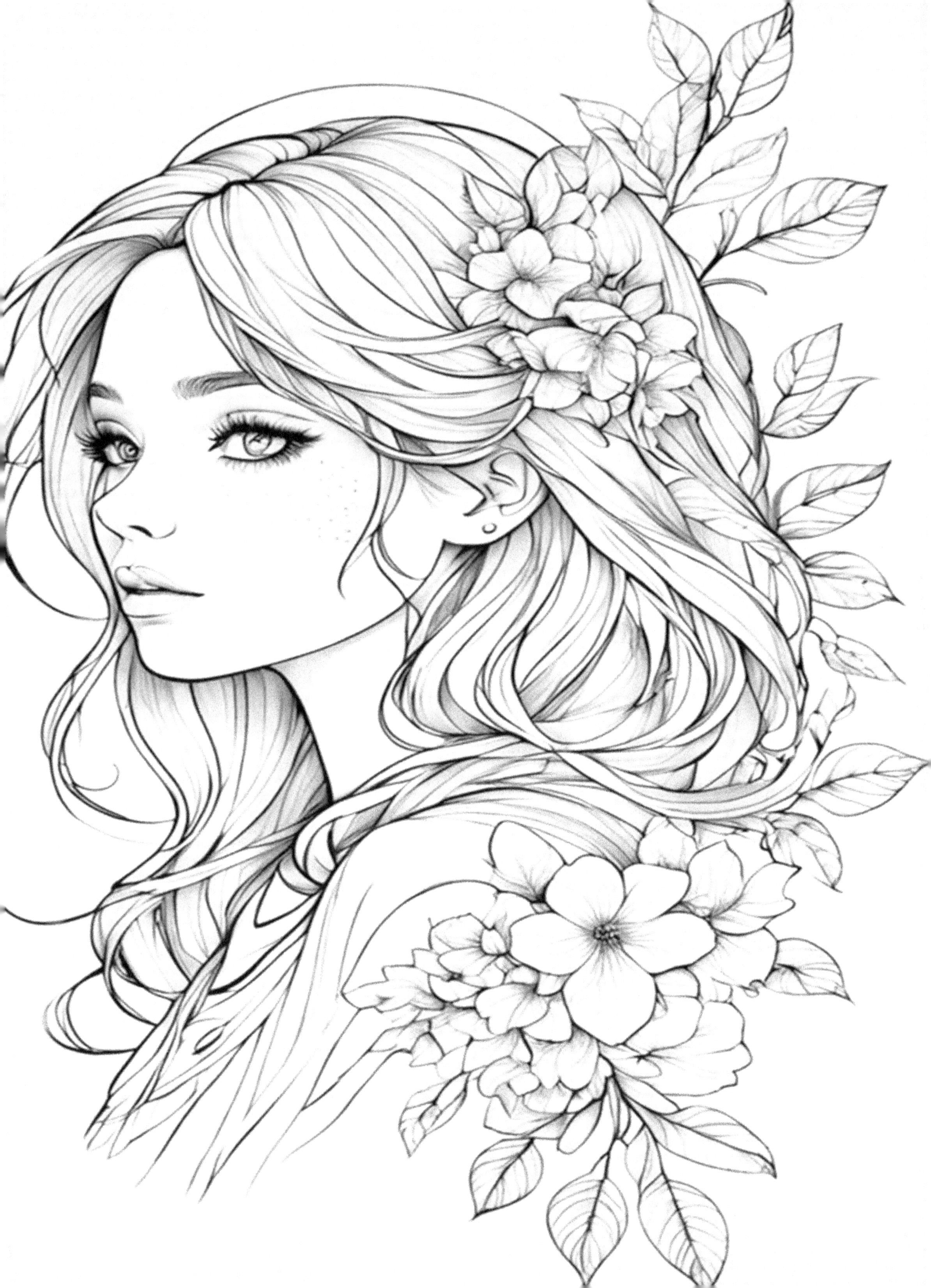

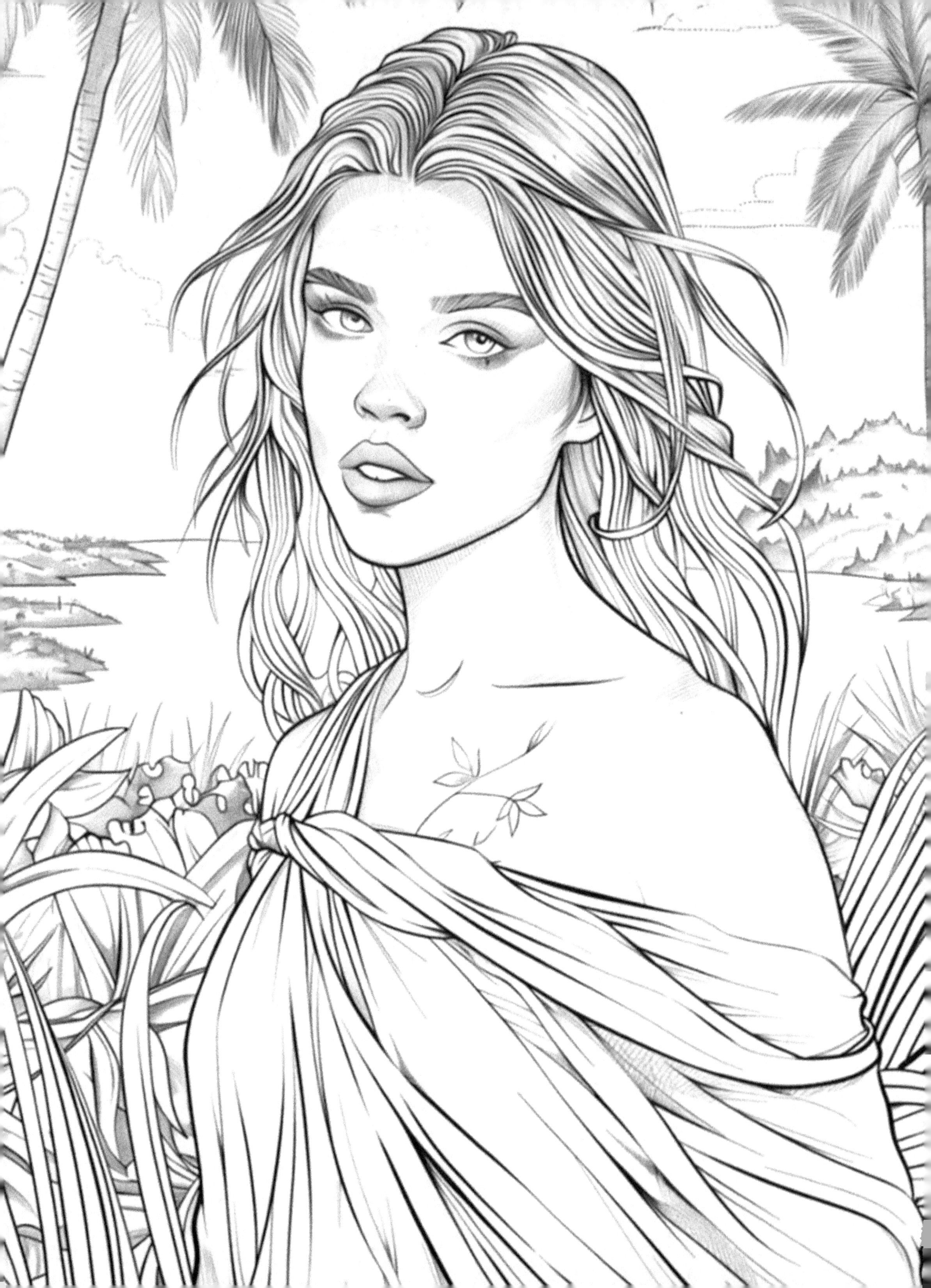

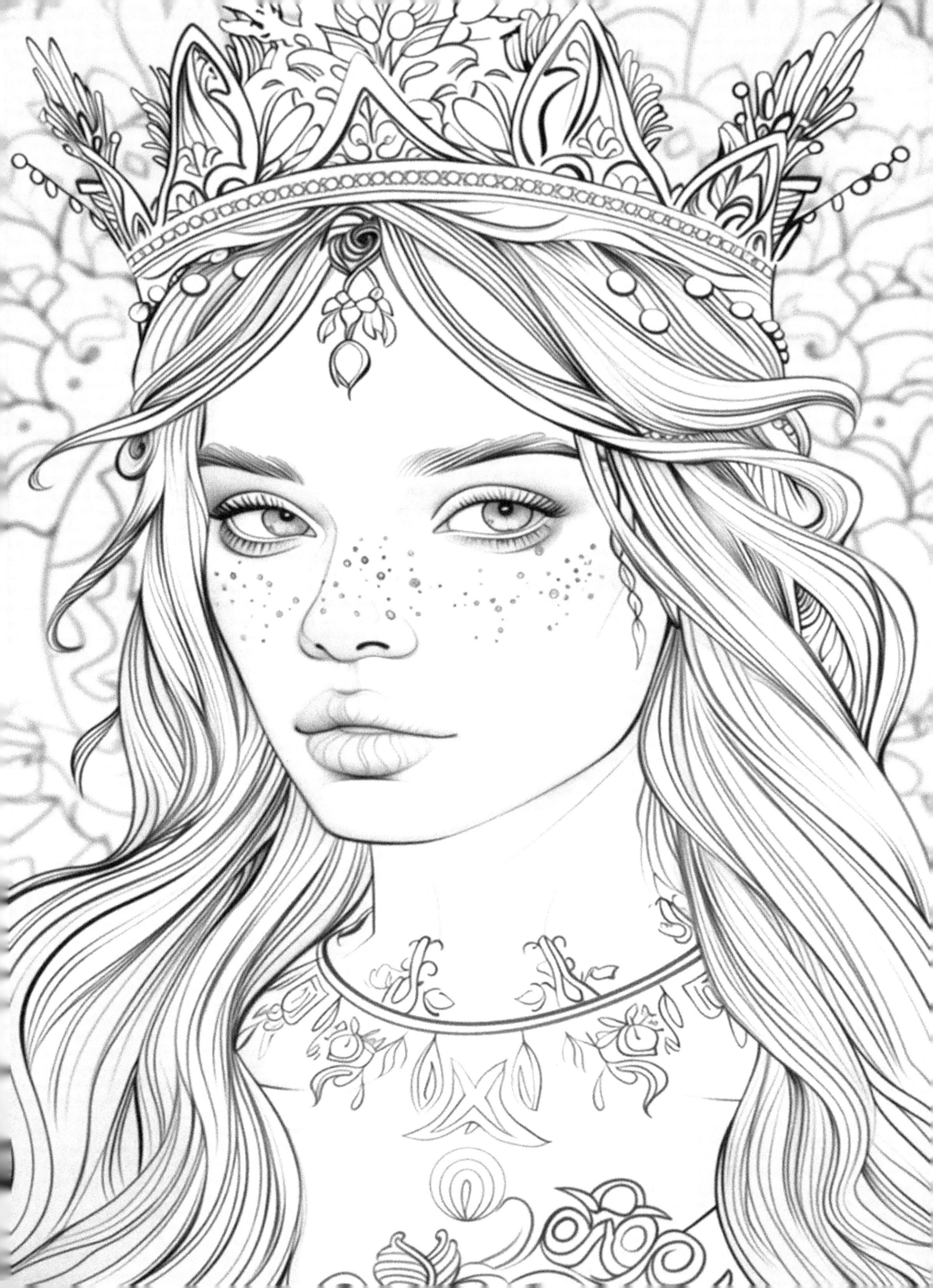

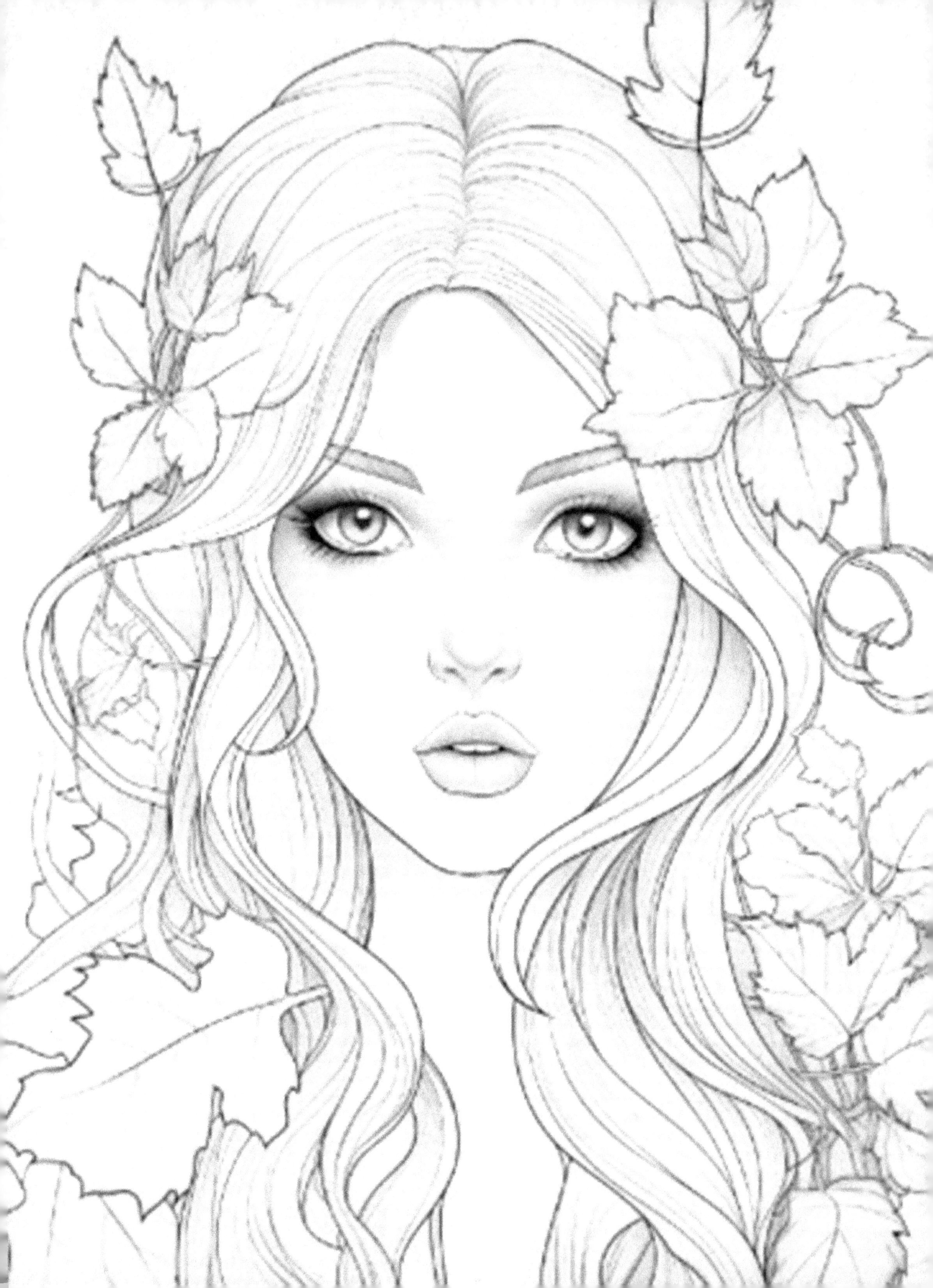

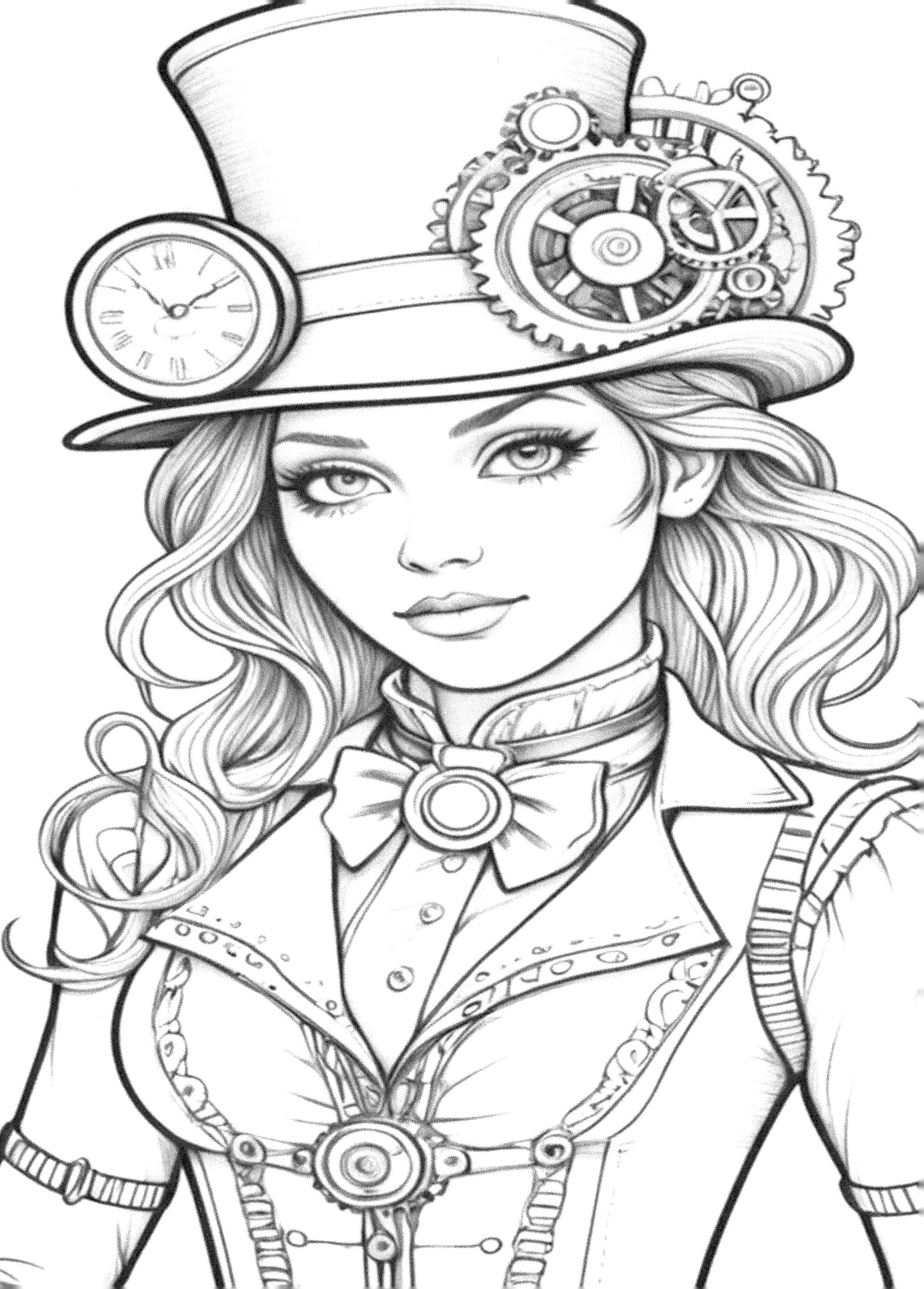

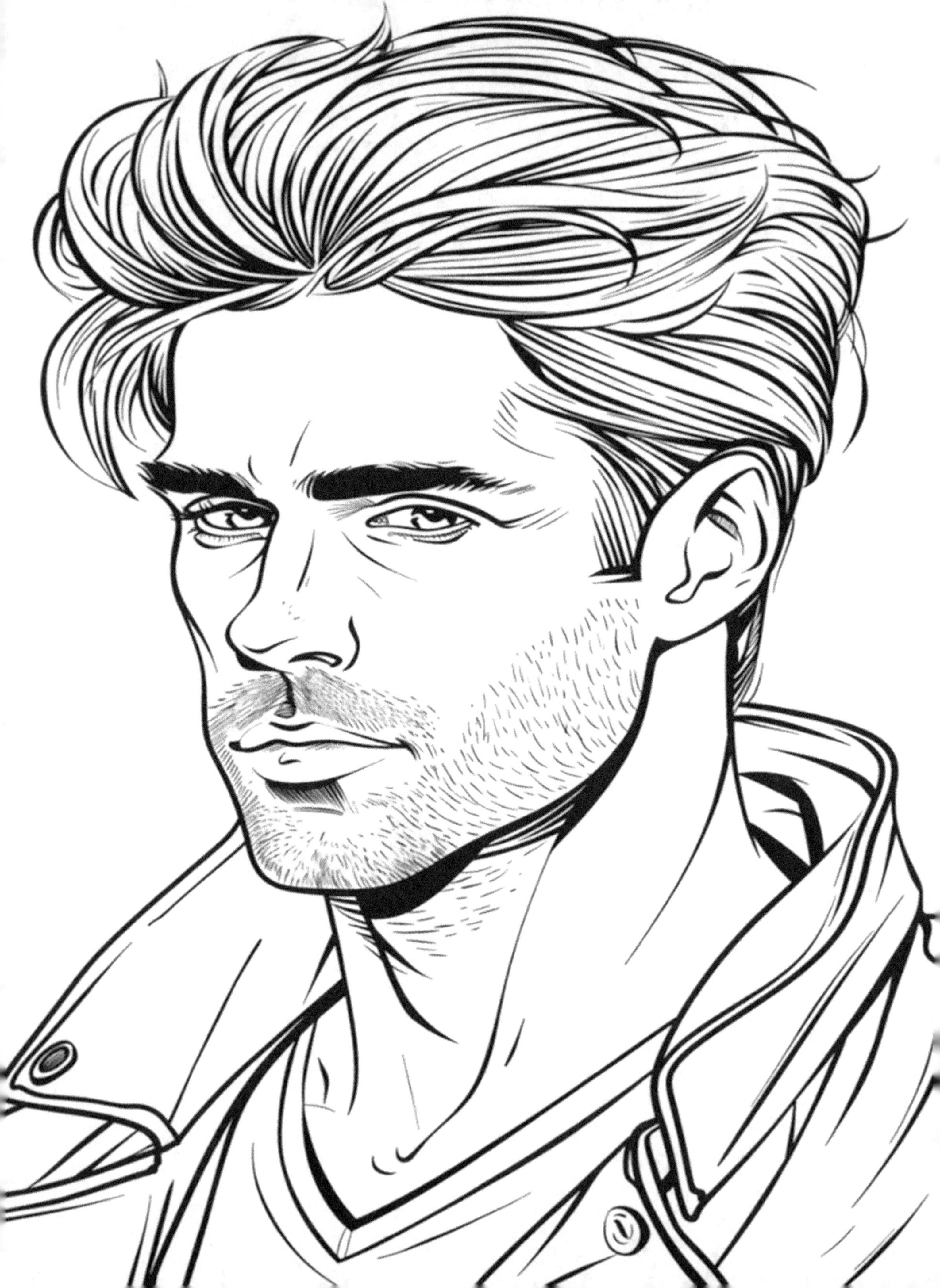

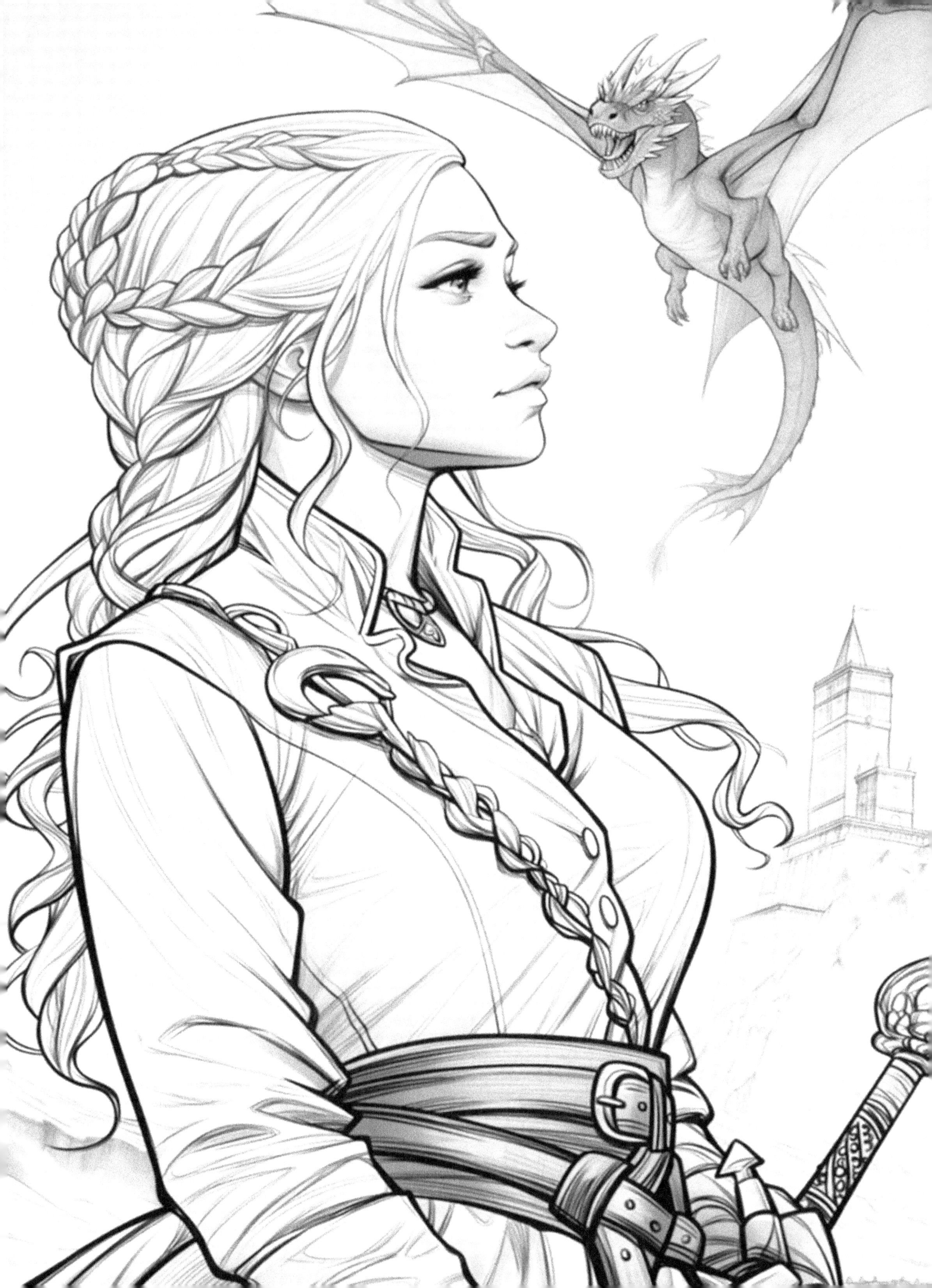

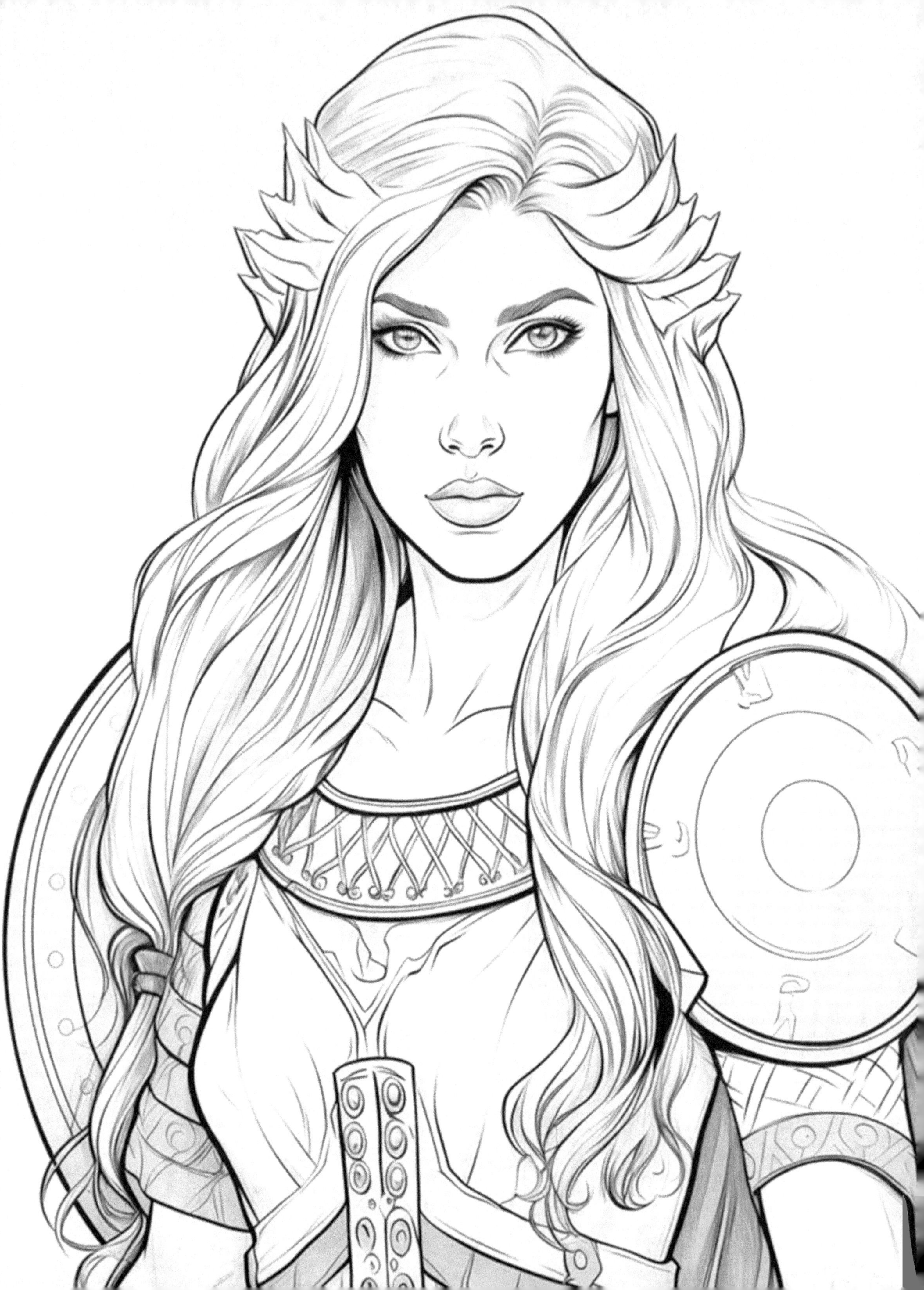

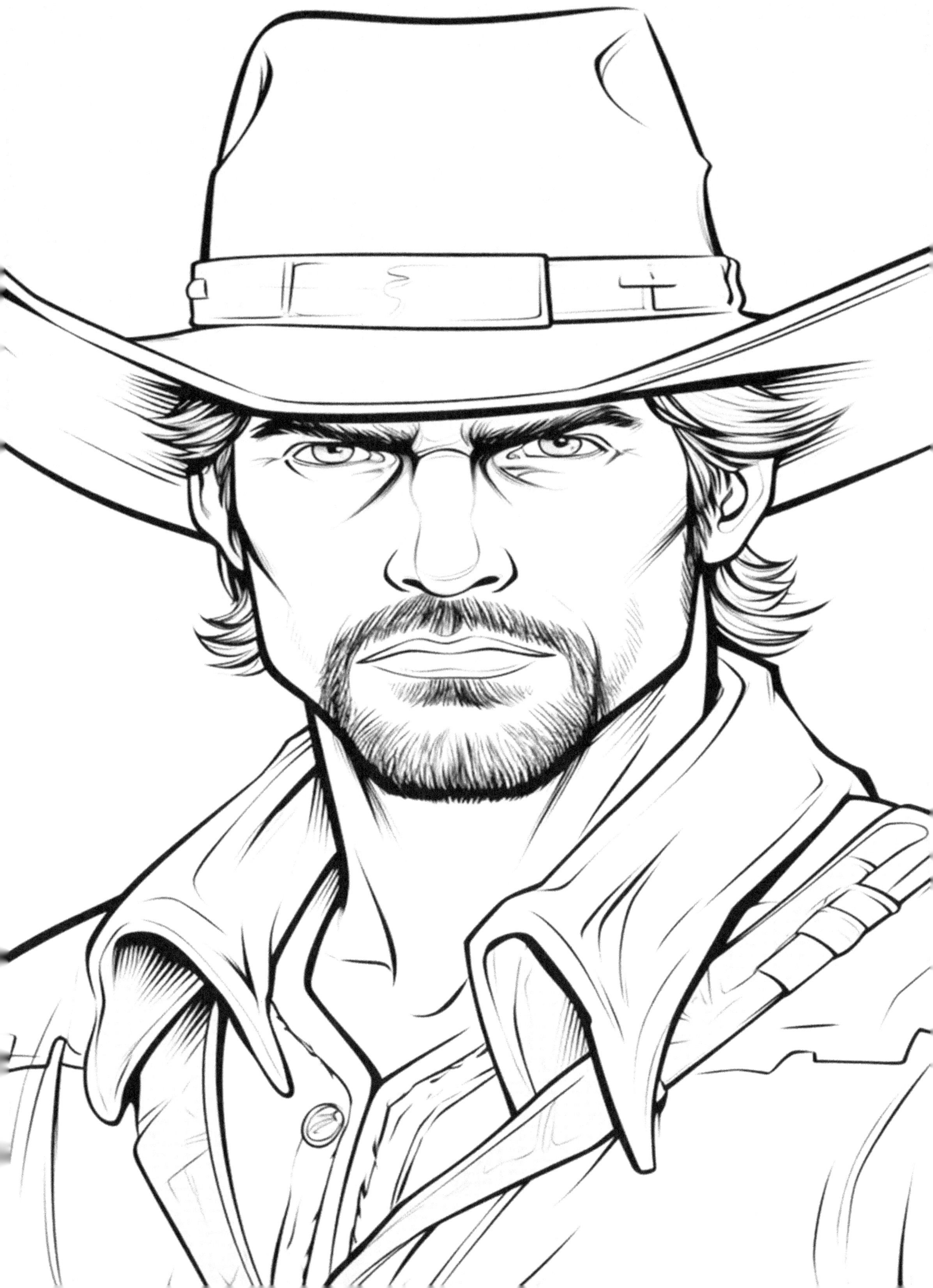

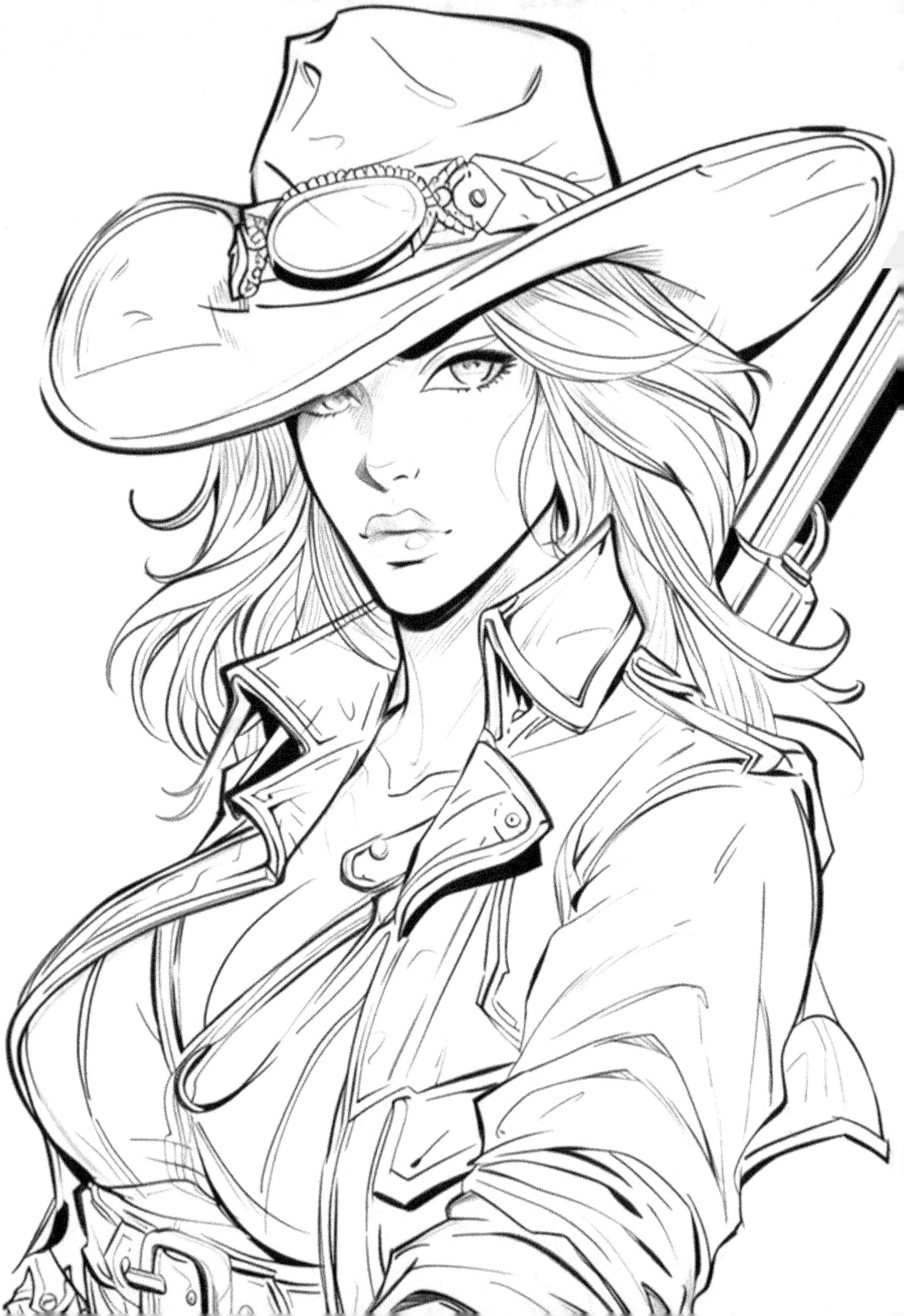

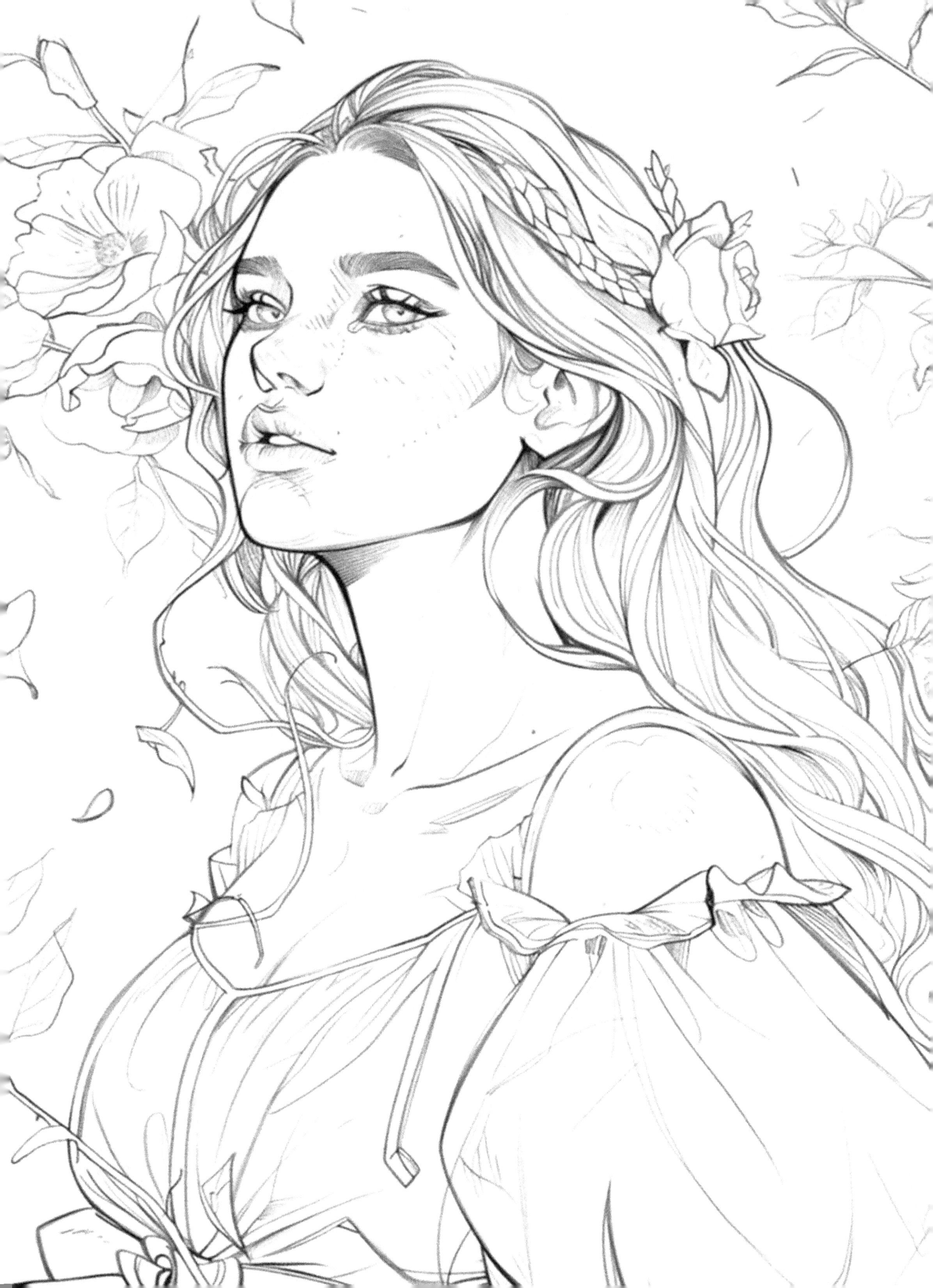

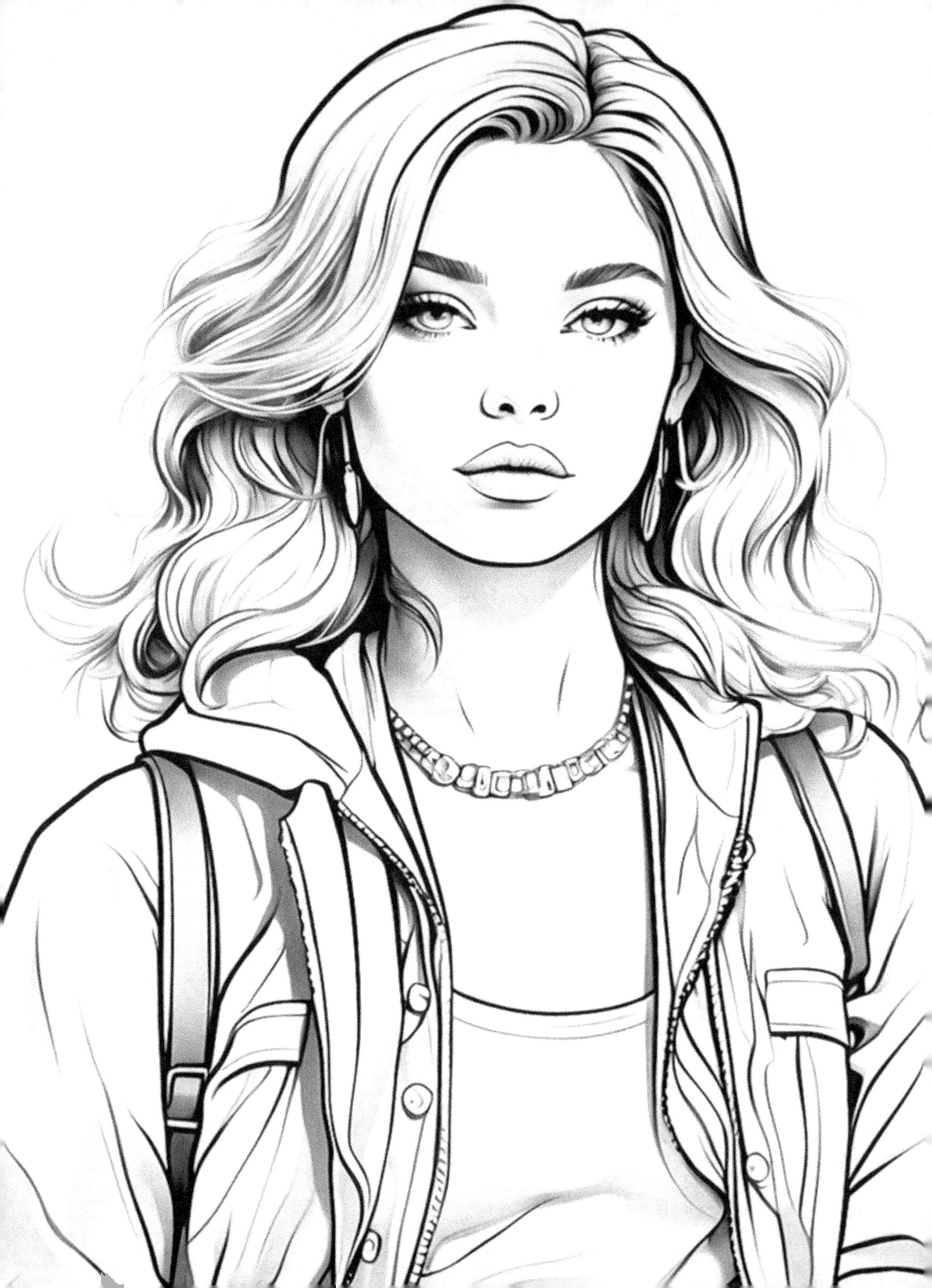

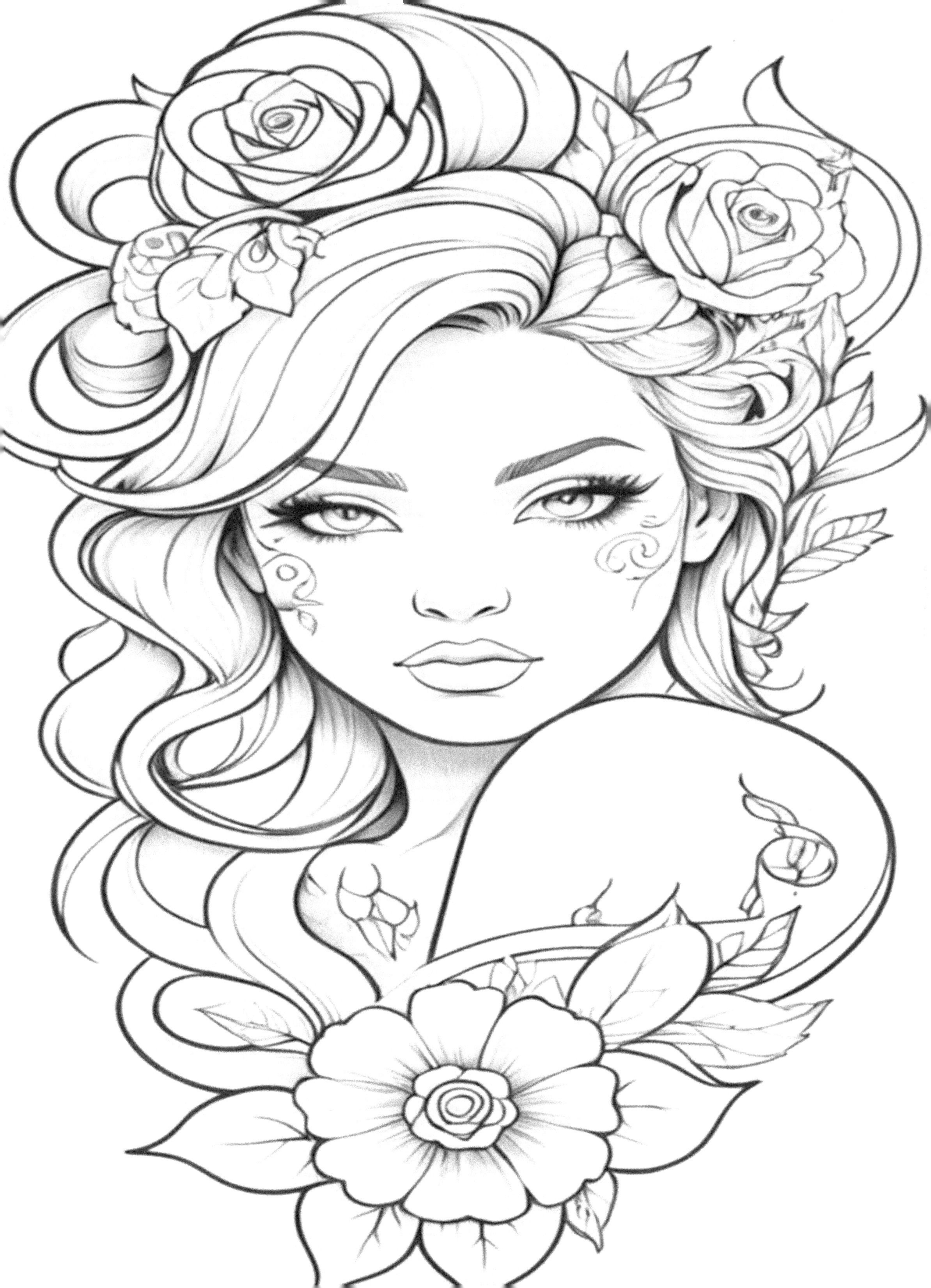

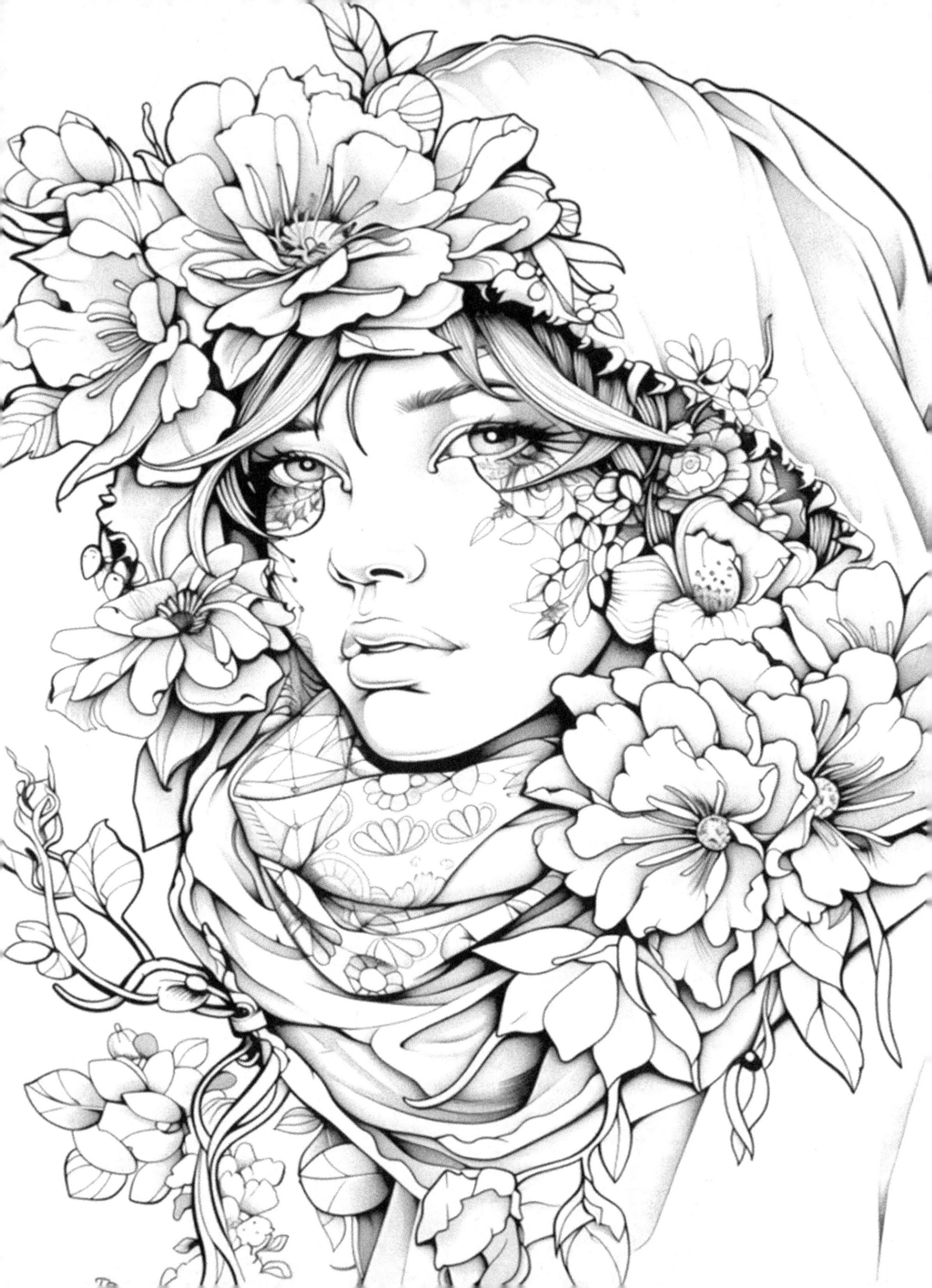

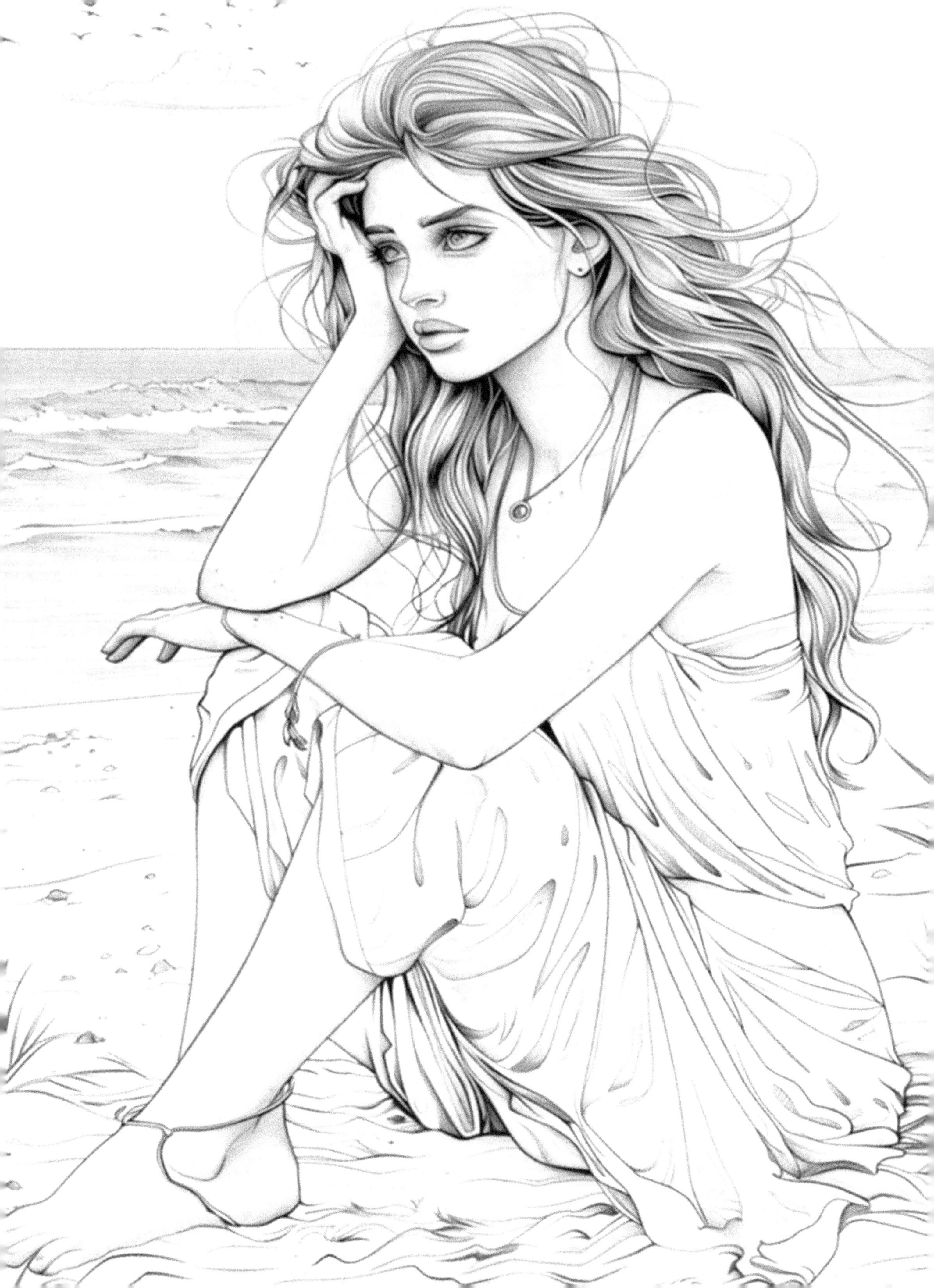

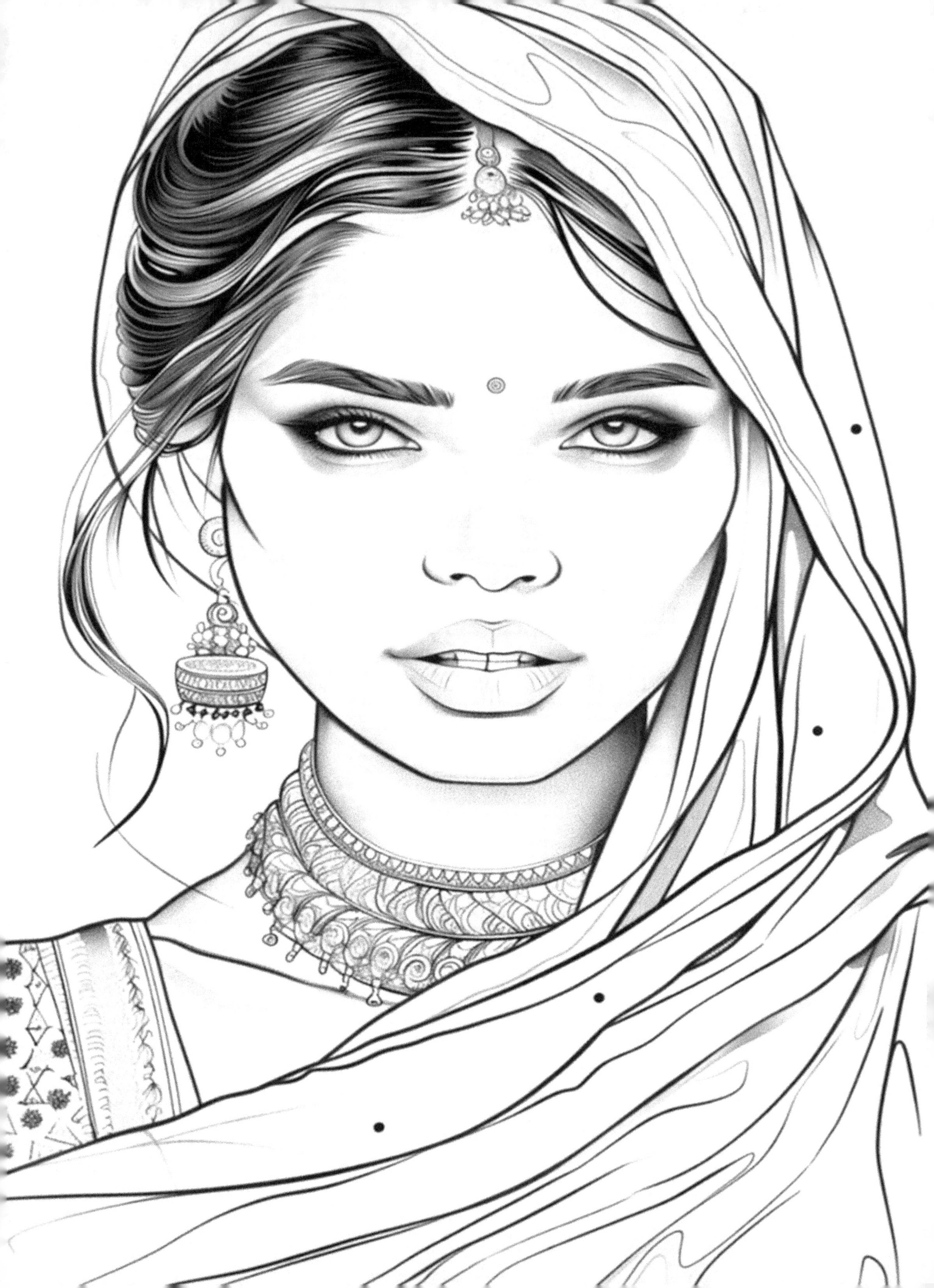

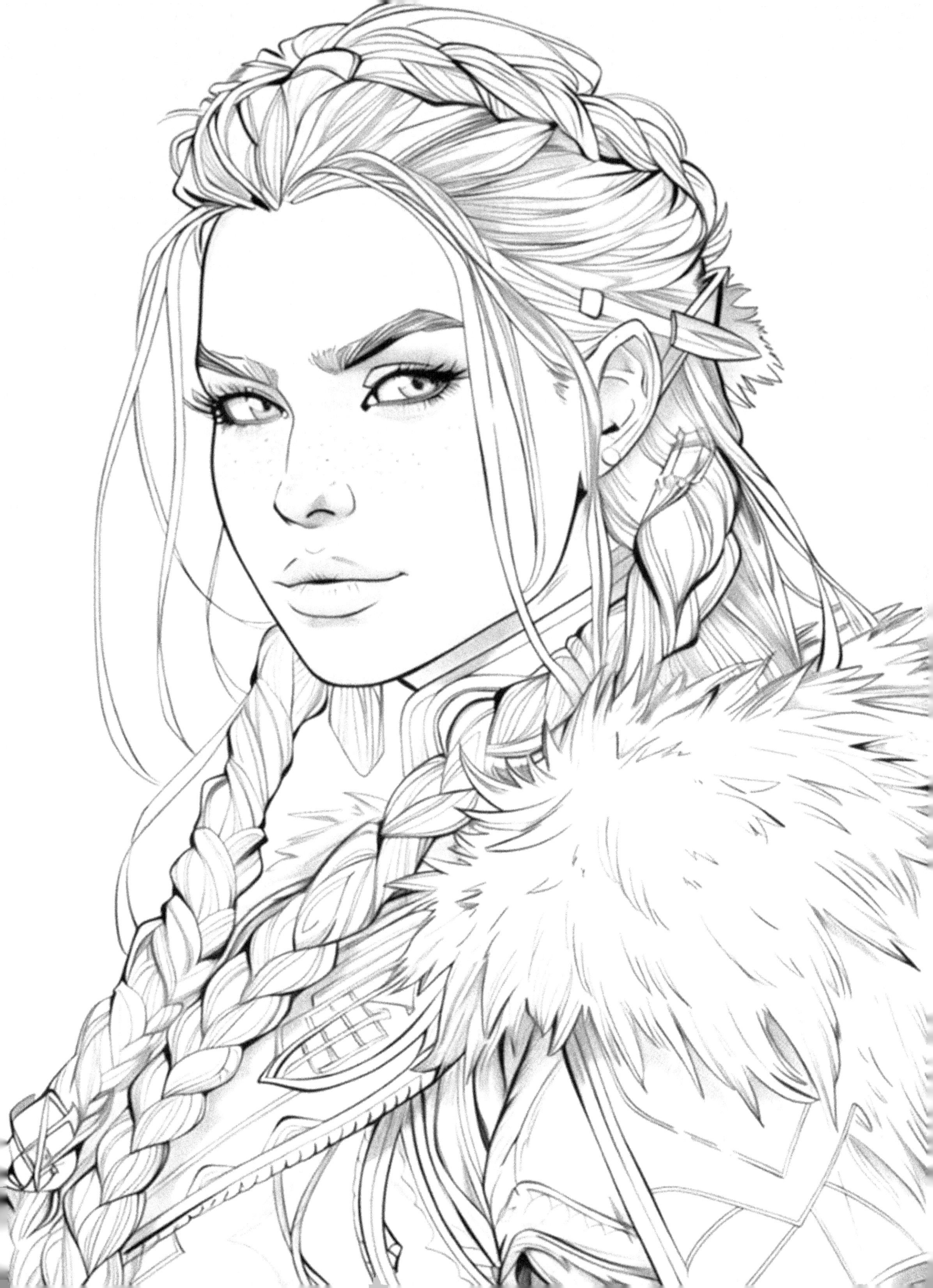

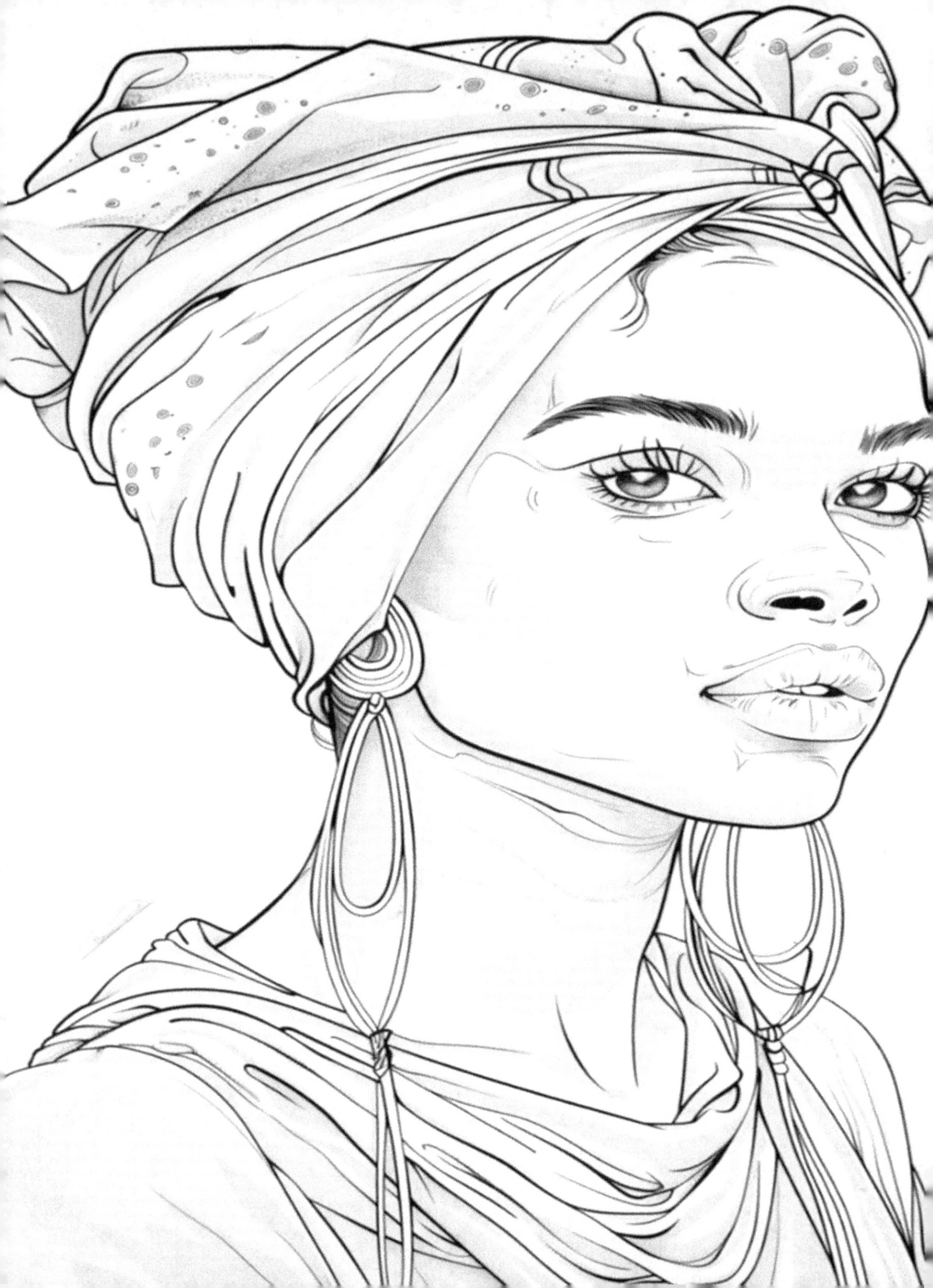

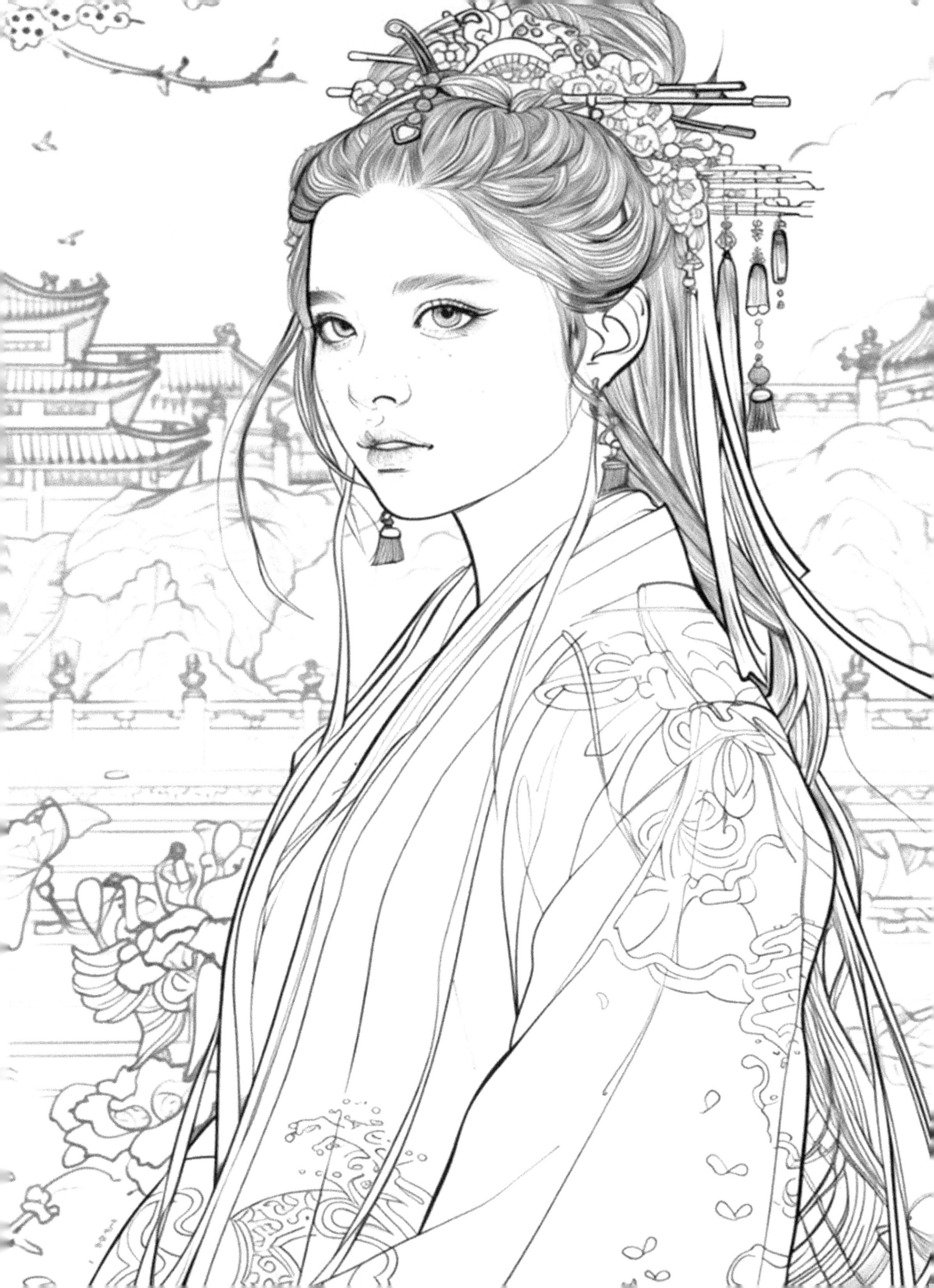

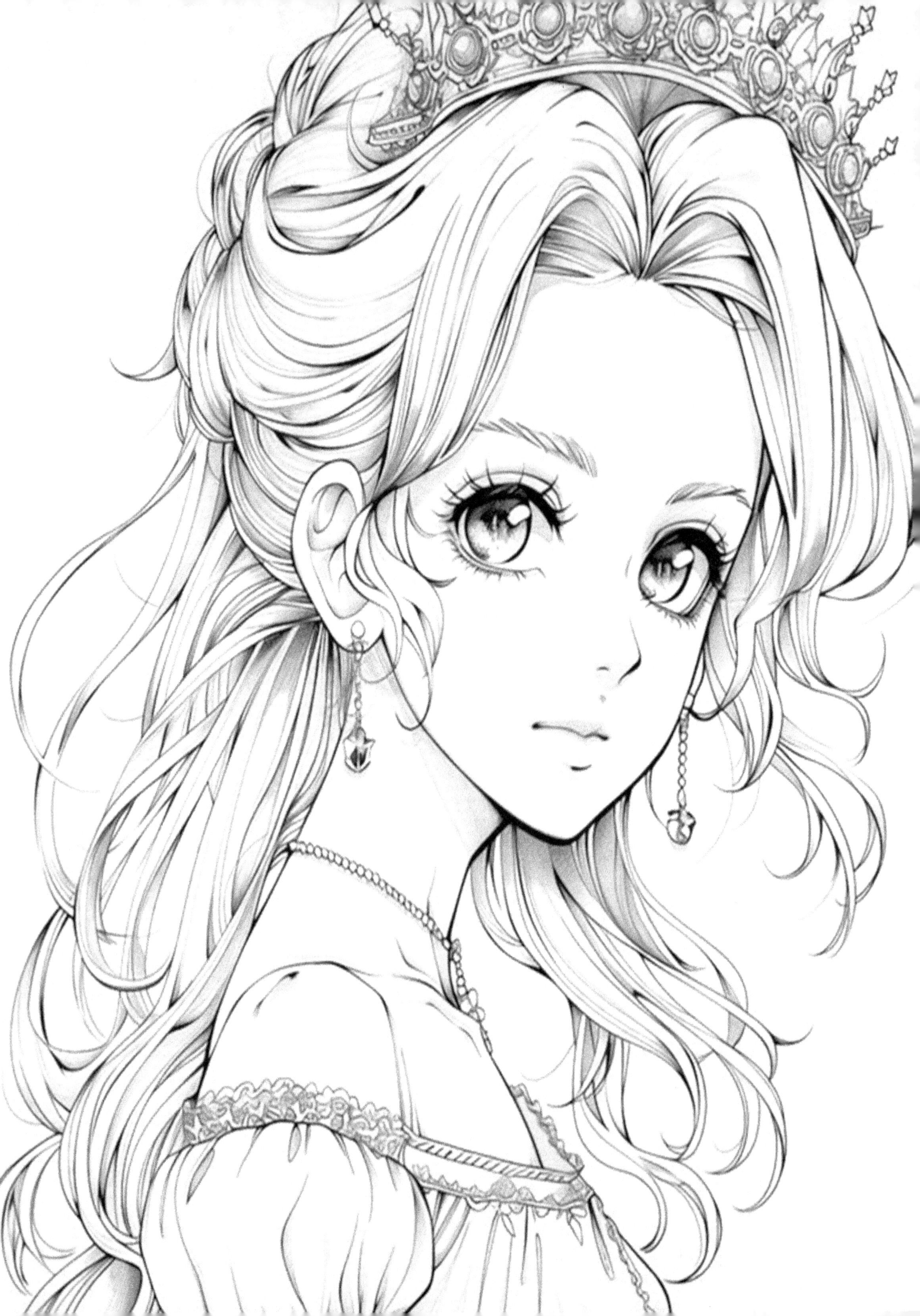

www.ingramcontent.com/pod-product-compliance
Lightning Source LLC
Chambersburg PA
CBHW060006230526
45472CB00008B/1976
* 9 7 9 8 3 4 5 3 6 2 0 0 6 *